成功人士都是阅读控

齐昌博 张灵芝◎著

台海出版社

图书在版编目（CIP）数据

成功人士都是阅读控 / 齐昌博, 张灵芝著. -- 北京：
台海出版社, 2017.12

ISBN 978-7-5168-1617-2

Ⅰ.①成… Ⅱ.①齐… ②张… Ⅲ.①读书方法

Ⅳ.①G792

中国版本图书馆CIP数据核字（2017）第269298号

成功人士都是阅读控

著　　者：齐昌博　张灵芝	
责任编辑：戴　晨　曹文静	装帧设计：MM末末美书
版式设计：张丽娜	责任印制：蔡　旭

出版发行：台海出版社

地　　址：北京市东城区景山东街20号　邮政编码：100009

电　　话：010—64041652（发行，邮购）

传　　真：010—84045799（总编室）

网　　址：www.taimeng.org.cn/thcbs/default.htm

E－mail：thcbs@126.com

经　　销：全国各地新华书店

印　　刷：天津嘉杰印务有限公司

本书如有破损、缺页、装订错误，请与本社联系调换

开　　本：150×210　1/32

字　　数：140千字　　　　　　印　张：7

版　　次：2018年2月第1版　　印　次：2018年2月第1次印刷

书　　号：ISBN 978-7-5168-1617-2

定　　价：26.80元

读书让你成为不一样的自己

知识改变命运，阅读改变人生。成功人士都是从书中汲取营养而让自己变得逐渐强大。

书籍是人类进步的阶梯。很多人，一生的改变皆源于读书。

当然，不同思想层面的人对读书的见解也不同。

叔本华在《读书与书籍》里提倡我们去读伟人的已有定评的名著，他认为只有那些书才是开卷有益的。

莫洛亚在《生活的艺术》中说：名著之多，我们已经无暇一一问津。要相信前人的选择。一个人或许会看错，一代人也或许会看错，而整个人类却不会看错。

泰戈尔说：我们只有通过沉思，才能认识最深的真理。当我们的意识完全沉浸在沉思之中的时候，我们就会明白，那不仅是一种获得，而且是我们与它的合一。因此，只有通过沉思，才能让我们的灵魂与思想的最高峰联系在一起。

巴尔扎克曾说，一个能思想的人，才真正是一个力量无边的人。

……

只要你是个具备思考能力、是个有思想的读书人，即便是打工仔也能成为研究生。

郭荣庆是一边读着《资本论》一边卖菜的打工仔，为了保证看书时间，他只打零工。2004年9月，他被中国社会科学院录取，成为法学所研究生。

郭荣庆初中毕业后辍学，在工地上做过建筑工，在马路市场上卖过菜。9年漂泊中，他始终没有放弃他的爱好和梦想——学习。他说："我每到一个地方就先办个借书证。"

郭荣庆1974年出生在山东省青驼镇东冶村。在那个贫困的山村里，郭荣庆是父母眼里争气的孩子，优秀的成绩实现了他最初的光荣与梦想。1991年，17岁的郭荣庆念到了初中毕业，因家境贫困而辍学。他带着行李跟随村里人踏上了打工的征程，要到更远的地方寻求生存。

1995年，郭荣庆来到大连，在一家马路市场卖菜。一个月起早贪黑，能挣到400元钱。收入稳定了，郭荣庆决定在大连待下去。这时高中的课程他基本上看完了，他喜欢哲学、法律方面的书，感觉能解答自己人生的困惑。

每天一停下来，哪怕只有两分钟，他也会打开书看上一会儿。他的事迹在见诸报端后，许多人打来电话，向郭荣庆讨教学习方法，其中年轻人居多，打工仔也为数不少。郭荣庆总是告诉他们："读书要讲'零存整取'，就是每天都要挤出时间看书，不要今天看个够，明天又一点不看。"

古今中外，多少人都为人类的思想历程探索着、指引着。在这个世界上，没有什么比思想更有力量。军事、政治、经济、如果它们遇到思想，都会乖乖地俯首称臣。

实践后的沉思，需要一颗宁静的心灵；吮吸沉思的养分，同样需要一颗宁静的心灵。所以：

如若你是一位成功者，你需要读书，她会使你沉静；

如若你是一位失败者，你需要读书，她会使你成功；

如若你是一位平凡者，你需要读书，她会使你超凡。

为何成功人士都是阅读控

"古之立大事者，不惟有超世之才，亦必有坚忍不拔之志。"古往今来，但凡成功之士，多是嗜书之人。他们或因某一本书而功成名就，或因某一本书而流芳千古，或因某一本书激发灵感，完成史无前例的创造……

现代金融投资领域泰斗级人物莫过于巴菲特了。这位八十多岁的老人在"福布斯2016全球富豪榜"中排在第2位。老人家虽然年事已高，但仍每天坚持阅读。可以说，他每天大部分的时间都花在了阅读上，他不仅要阅读业界动态，更要了解国际趋势、经济动向，以及各方面的声音。巴菲特的经典之语是："要投资成功，就要拼命阅读。不但读有兴趣购入的公司资料，也要阅读其他竞争者的资料。"或许，这就是他成功的秘诀。

在当代，很多热爱读书、靠读书成就一番事业的人有很多。苹果公司的创始人史蒂夫·乔布斯，他的整个人生都贯穿着读书，他经常去研究读书对人的意义；曾被当作差等生、在学校不太受老师和同学待见的微软创始人比尔·盖茨，为了便于读书，有意结交父亲的图书馆管理员朋友，终日遨游书海；自1999年被福布斯评为全球华人首富以来，连续15年蝉联华人首富宝座的李嘉诚，从小就手不释卷；家境贫寒、被迫辍学的前日本总理大臣田中角荣每天都坚持利用闲散时间勤学苦读……

不只在当代，在我国古代也有很多仁人志士以读书作为契机，攀登到人生的巅峰，张良就是其中之一。张良是秦末汉初杰出的谋士、大臣，与韩信、萧何并称为"汉初三杰"。

传说有一天张良在桥上散步，得遇一位身穿粗布短衣的老年人。老人见其天资聪颖、对自己恭敬有加，很是高兴。便相约某日在桥头会面，和颜悦色地递给张良一部书——《太公兵法》。据说，张良得此书后，悉心阅读，认真研究，终于学会运筹帷幄、决胜千里的本领，成为一代谋臣。

《汉乐府》中有一则流传千古的名句："少壮不努力，老大徒伤悲。"说的正是读书的重要！从小，大人就教导我们多读书。那时，我们或许因为年龄小，还不知道读书对一个人的重要意义。但随着年龄的增长，才越加理解父母、老师的一片良苦用心。

我们不仅要多读书，而且要广读书，各类书籍都要看。看地理可知地方风物、地形地貌、风土人情；看天文可知宇宙变化、敬畏自然、敬畏生命，知道生之不易、人之渺小；看历史可知世事浮沉、兴衰成败；看财经可知社会经济运转规律，掌握生存必备的本领，少走弯路，找到令自己和他人生活得更好的途径……

当你脑袋里的知识储备越来越多时，你就会越来越自信，做起事来更加勤于思考，更讲究方式方法，更容易走向成功。

成功的人生，让我们从学会阅读开始！

目录

contents

4　如何阅读一本书：坚持有效阅读

5　如何深入阅读：读书必备十法

6 **如何精准阅读：刻意训练的技巧**

7 **你也要当阅读控：像名人那样读书**

1 你为何要读书：
阅读改变人生

我读书越多，书籍就让我和世界越接近，生活对我也变得越加光明和有意义。

——高尔基

关于读书那些事儿

知识改变命运，阅读改变人生。我们的学习离不开阅读——甚至于我们每天都在进行阅读活动：读书、看报、浏览网页……如何有效地收集和提炼有用信息，这是时代的需要。

大家或许都有这样的经历或体验，上学时班级里总有几个不爱学语文甚至反感上语文课的同学。而且，越是不想学，越学不好。最后的结果是语文落下的知识太多，涵盖面太广，根本不是一时补课就可以追上的。

因为，语文知识本身包含着以文史哲为主的各科知识；语文学科又是学习其他各个学科的工具学科、基础学科。谁都知道，其他学科的定义、概念的叙述和诠释，判断、结论的演绎和推理，都要依托语文来完成。没有语文这个工具和基础，任何学科也无法站立起来，只不过是一盘散沙。因此，学好语文的第一步，必从阅读开始。

有的人爱读书，但是只知学习却不会休息。西方有句名言：光学习，不玩耍，聪明的孩子要变傻。适当的体育锻炼和娱乐活动在生活中是必不可少的，大家都知道一个学习效率公式：7+1大于等于8，就是每天7小时学习，1小时娱乐锻炼，效果大于8小时连续不断地学习。所以，保持充沛的体力和精力，也是提高效率不可缺少的一个方面。

学习的胜利意味着获得新知识，但学习消耗的却是大量的时间和精力。如果一味地发挥"拼命"精神，整天只知道学习，头悬梁，锥刺股，最终只能是筋疲力尽，学无所成。列宁十分反对这种"学习狂"的精神和做法，他说："不懂得休息，就不懂得工作。"

学习是一种高级的精神活动，视觉神经在接收到外界的信号刺激以后，把信号传到大脑，引起大脑皮质响应区域的兴奋，信号刺激强度和持续时间与这种区域兴奋成正比例关系，即强度越大，时间越长，兴奋就越高。大脑在这种兴奋状态下进行分析综合、判断推理、记忆理解等。一旦学习的时间超过大脑兴奋的极限，大脑皮质的该区域便由于工作过度，而逐渐失去兴奋的能力，开始由兴奋过程向抑制过程转化，于是疲劳就产生了。

如果你发觉自己反复读一段文字仍然不能吸收，那就表明，你已经达到了一天学习量的最高峰，应该立即停止学习。科学家调查表明：大多数人认为，他们一天学习最适合的时间长度是五小时。如果你是精力旺盛的人，学习的时间会延长些。

大脑是学习的机器，它的工作状态直接影响着学习的效率。学习作为脑力劳动，和体力劳动一样都会产生疲劳。当体力劳动产生疲劳之后，立刻休息片刻就可以恢复，但是，脑力劳动的恢复就不同了。即使停止学习，大脑兴奋也很难在短时间内平静下来，因此，对于大脑的保护就是休息和放松。

爱因斯坦疲劳后，就拿起他的小提琴拉上几首喜欢的曲子，使自己从那些符号中解脱出来。当有人问他的业余爱好时，他毫不犹豫地说："小提琴。"马克思在研究中一旦感觉到疲劳，就找出一张草纸，画一些图，借助这种方法转移大脑的兴奋区域。

聪明的学习者，善于在自己的大脑产生疲劳前，及时转换学习的内容，或通过休息和运动转移兴奋点，巧妙地把紧张和放松交替在一天的学习中，保持最佳的身体和心理状态。

有一年高考，一位上海卷作文满分得主名叫凌超，他在小学时就读了《安徒生童话故事全集》《钢铁是怎样炼成的》《骆驼祥子》《古文观止》等作品；进入初中，他读了《史记》《汉书》《资治通鉴》《李白诗选》等古代名作，还读了《荷马史诗》《堂·吉诃德》《约翰·克利斯朵夫》《莎士比亚全集》等外国名著；进入高中后，他除了继续阅读中外文学作品外，又读了不少文学论著，如《人间词话》《王国维经典文存》等，尤其读了大量哲学书籍，如《周易十讲》《西方哲学原著选读》《西方哲学史》《哲学研究》等。

正是这些大家作品、大师专论，极大地丰富和充实了凌超的文化底蕴，滋养着凌超的成长，使他在阅读和写作方面远胜同龄人一等。他的作文立意高远、文字流畅、才气充溢，还在高二时获得上海市"韬奋杯"作文大赛一等奖，高三时又获得上海市高三学生作文大赛一等奖；而且，他的数理成绩也依靠扎实的逻辑哲理基础而出类拔萃。他终于以566分的高分被北大中文系录取。

可以说，凌超重视阅读，他的实际能力充分体现了阅读的价值。纵观现今不少学子，埋头题海，以解题来填空自己的求知岁月，却置阅读于脑后；不少家长也不鼓励子女阅读，只要看到孩子在做题目就心安理得。诚然，把大量时间花在解题上，在测验、考试时也许能暂时取得纸面上的良好成绩，但解题获得的知识毕竟十分有限。由于不重视阅读，知识面必然狭窄，视野难以拓宽，积累自然贫乏，此现象比比皆是。一旦题目稍作变更，理解就常发生偏差，要求他们举一反三，触类旁通，去感悟试题中蕴含的一些共同规律，更是不可设想了。

阅读和写作是体现一个人语文能力的主要标志。大家在学习中要把握好这两点精髓。阅读是语文材料的主要来源，从小学高年级开始，就应该对一些名家名作进行有计划的阅读，不断扩展知识面。高中生已具有较强的自学能力，要根据有关的阅读书目制订自己的读书计划，时代上分古典和现代，体裁上分诗词和散文，国别上分中国和外国。可就自己的喜好侧重读来。还应涉猎当今报纸杂志和精妙时文，关心时事新闻。须知学语文仅有课本是远远不够的，要读社会，悟人生。其实有更多的东西是无须讲解的，多读多看自能领悟，自能通神，自能提高。

语文学习最重要的内容是读书。光读几册教材是远远不够的，必须要大量地阅读课外书籍，从书中获取丰富的精神养料。勤奋读书，必须做到珍惜时间，抓紧分分秒秒。欧阳修善于利用"三上"的时间读书，即"马上、枕上、厕上"；郑板桥读书则利用"舟中、马上、被底"的零星时间读书背诵。古人勤奋读书的精神值得大家学习。

原地激活你的阅读潜能

每个人都有无限的潜能，只看你是否激活它，阅读亦是如此。

阅读总是需要全身心配合的，因此阅读的过程就是心理活动的过程。阅读的效果不仅取决于阅读的策略，取决于读者的知识水平和思维能力，还取决于读者阅读的需要、动机、兴趣、意志、情绪和经验。

阅读过程是这种种因素相互作用的过程。积极的心理因素对提高阅读效果起促进作用，消极的心理因素却往往成为阅读的内在障碍。因此，我们有必要了解一些阅读方面的心理知识，自觉地把握自己的阅读心境，以真正做到有效阅读。

为什么有些人愿意学习并且想办法学习？为什么有些人则不愿学习甚至厌恶学习？这是因为前者具有学习某科知识的内在愿望和需要，而后者没有。按照亚伯拉罕·马斯洛的观点，人的需要可分为五大项：生理的、安全的、爱恋的、尊重的和自我实现的需要。

生理需要包括我们的生存所必需的食物、衣着、住宿之类的东西。

安全需要指的是基本的生存需要在今后有把握得到满足的一种感觉。安全需要主要是经济性的，但是，这种需要也同我们的情绪上的安全需要相毗邻，或者互相重叠。

这里所用的"爱恋"一词，从本质上说，是一种情绪上的安全感觉。它指的是对钟爱和依恋的需要，包括有人为了我而关心和珍视我的感觉。

尊重是指一个人觉得自己重要、有价值，被人看得起、受人尊重、受人敬佩的一种需要。它意味着对注意、承认、地位、威信或诸如此类的东西的需要。

自我实现是指一个人对个人的成长或完满发展的追求，是指一个人最充分地发挥自己的聪明才智，发掘自己的潜力，使自己能够成为一个人物的那种需要。自我实现意味着人们对自我表现、审美经验和欣赏的需要以及人们追求知识、满足自己的好奇心，了解自己、他人和周围世界的需要。

人的大部分行为包括阅读都是满足这五种需要中的一种或几种。只要有助于满足这些需要，就会给阅读带来强化作用。例如，当一个人体检被告知他患了肝炎的时候，他就会立即产生一种关心自身健康的需要，因而也就会迫不及待地设法弄一些医学书来看，即使书中充满了深奥的术语和枯燥的数字，他也会很有兴趣地一页一页地翻阅下去。甚至在短短的几天内，就把有关肝炎的各种问题搞清楚了。当然，人们的阅读范围比这种或那种因直接需要而进行的阅读要广泛得多。我们在阅读一种书籍和材料之前，首先要明确阅读的目的和意义，这样就会产生强烈的阅读愿望和需要，甚至把书"啃"得滚瓜烂熟了，还觉得不过瘾。

找准个人阅读突破点

很多读者在阅读一本书的时候，常常是漫无边际，翻翻扉页，看看后记，再从中间随意找出几页，走马观花般先走个"开场"。实际上，绝大多数的阅读者最初读书的时候都没有明确的阅读目的，多是抱着学习的心态，认为读到即是学到。事实是，没有准确地找准自己的阅读突破点，所以才随心而读。

如果说阅读速度、方法和技巧等问题，这与一个人的知识水平、结构、能力、文化修养有关。那么，每一部著作、每一篇文章都有其阅读重点，所以我们在阅读的时候要正确分配自己的注意力，将精力集中在重点的、实质的问题上。不要集中在感知文章结构上，这样可以提高理解系数30%～40%。

有人提倡高效阅读，其方法也有很多，比如，预读法、略读法、跳读法、错序读法、前后交叉读法、逆倒阅法，等等。

那么，我们应该怎样培养高效阅读的习惯呢？

（1）不要反复浏览。凡是科技读物，一般只需顺着读一遍即可。如有必要，也要等整篇读完之后，再回过头重复某项内容。避免眼睛不断地来回转动。

（2）采用"筛选"式阅读法。有意识地为涉猎专业所需的信息而读。

（3）要默读，不要朗读。发声的阅读是快速法的大敌。

（4）阅读时，视线应与读物成垂直线，并充分发挥视线的"余光"作用，多浏览到一些内容。

（5）要聚精会神地阅读。快速阅读必须有"强化"的注意力。

（6）提倡有理解地阅读。阅读时，抓住实质性的关键词。读物的内容实质，正是阅读时应弄通的重点。理解，就是探索出读物的思想意义。

（7）在阅读中，运用要领记忆的基本方法，有目的地去记。不必去记无关紧要的词句，却要记住作者意图及内容实质。

总而言之，无论是阅读，还是对阅读的内容的记忆，都需要按照快节奏的时代精神，利用"高效阅读法"进行科学的培训和自我训练。

例如，如何在阅读中保持注意力的高度集中，如何在阅读中使视线的运动既快又能捕捉到更多有用的信息，如何提高对不同类型的阅读内容的综合概括的能力，如何在阅读时对它们进行分析，如何能快速地进入阅读对象的写作意图和思想内容之中，如何克服慢条斯理地阅读和反反复复回读的坏习惯，如何克服阅读时的恐惧心理和不自信的态度……凡此种种。

事实上，从阅读的习惯到阅读的技巧，从阅读的心态到阅读的目标这一系列的调整，需要一整套的科学培训。很多介绍记忆和阅读的技巧的书都说明进行高效阅读法训练必须从实际运用的系统培训开始着手，特别强调培养和训练的系统性、科学性和实用性。我们必须改变这样一种根深蒂固的观念，那就是读得越慢就越理解文章的意思，也就记得越牢。如同进餐时强调要细嚼慢咽一样。科学的分析早已指出，读得越快才能理解得越好。当我们利用高效阅读法开始学会快读的时候，我们已经开始一种全新的学习方式了。

制订你的阅读清单

想要成为一个高效阅读的读书人，非常有必要为自己列一份阅读清单。只有这样，你才能明确自己需要读哪些书，你才明确自己通过阅读哪些书达到何种阅读目的。

为什么要有"阅读学习单"？

焦点集中的阅读。一个有关"学习和记忆有意义文章"的研究指出，我们的记忆运作无法像电脑一样，很难将阅读得来的信息逐字记忆，而是用我们的方法去组织这些讯息，使它变得有意义。

比如，他曾让受试者读一篇短文，然后让第一个读完的人，按他的记忆写下来，传给第二个人看，第二个人再把记忆写下来，传给第三个人看……依此类推，直到第十个人，所阅读的信息，已经和原文大相径庭了。

这说明了如果在阅读前，没有先告知"阅读的焦点"，阅读者会以自己感兴趣或易理解的部分作为重点来读，其结果很可能读完之后，与原文所欲传达的重点相差甚远。

有一次我访谈一位四年级学生，他告诉我看完《乞丐囝仔》后的感想是很爆笑。读过此书的人应知道，这是本励志畅销书，主要大意是书写一位贫寒出身的人，突破现实环境困顿，奋发向上的经历。然而，此位学生自由阅读后，遗留在脑中的，却只是书中描述困窘生活的一些匪夷所思的行径，所以觉得很好玩，与原书焦点可说差了十万八千里。

无重点式的自由阅读，当然也有妙处，一般成人读者，一定也都享受过陶渊明那种"读书不求甚解，每有意会，便欣然忘食"的乐趣。不过，如果想在有限时间，让孩子在阅读时，保有"努力追寻意义"的精神状态，不妨在阅读前，就设计一份"阅读学习单"，念给他听，让他知道在读此书时，要特别注意哪些部分，将来讨论时，也会有这方面较多的探讨。

也就是说，在阅读前，先了解阅读后的讨论焦点，以便在阅读时，特别注意相关内容。

教学的认知理论中，提到的"前导组体"，是指在学习之前，如果先呈现重要信息，可以使学习者在学习过程中，用来组织及解释新来的信息，有助学习迁移。

举个例子，我就读大学时，那些大部头的教科书，常在一个章节前，有个简短的"本章摘要"，还提纲挈领地说明"在本章中，你将学到……"，带着这样的"先验知觉"，再进入庞大的内容中，比较能得出一些条理。

"阅读学习单"上的题目，等于前导组体，提醒孩子在阅读时，应聚焦的一些方向。

比如：如果希望着重讨论书中人物性格，就在"阅读学习单"上设计此类题目："我最欣赏书中哪个人？""我觉得自己最像书中的谁？""书中哪个人最让我气愤？"当孩子正式阅读时，他就会想到：为了回答这些问题，我在看此书时，得注意到人物的描写。

宋朝有个读书人叫陈正之，他看书看得特别快，抓住一本书，就一个劲地赶着往下读，一目十行，囫囵吞枣。他读了一本又一本，花费了很多时间和精力，可是效果很差：读过的书像过眼烟云，很快就忘记了，几乎没有留下一点印象。这使他十分苦恼，疑心自己是不是记忆力不好。

后来，有一天，他遇到了当时的著名学者朱熹，就向朱熹请教。朱熹询问了他的读书过程以后，给了一番忠告：以后读书不要只图快，哪怕每次只读五十字，重复读上多遍，也比这样一味往前赶效果好。读的时候要用脑子想、用心记。陈正之这才明白，他读过的书之所以记不住，不是因为他的记性不好，而是学习目的不明确，方法不对头，他把读书多当成了读书的目的，忽视了对书籍内容的理解和记忆。这样匆忙草率地读书，既不消化书中的内容，又不有意识地进行记忆，他的记忆效果当然是不会好的。

以后，陈正之接受了朱熹的劝告，每读完一段书，就想想这段书讲了些什么，有几个要点，并且留心把重要的内容记住。经过日积月累，他终于成了一个有学识的人。

可见，有明确的目的或任务、凭借意志努力记忆某种材料的方法，叫作有意记忆法。相反，没有明确的目的或任务，也不需要意志努力的记忆方法，称为无意记忆法。心理学研究表明，有意记忆的效果明显优于无意记忆效果。为了系统地掌握科学知识，必须进行有意记忆。

如果你想教导孩子如何读书，请先给孩子一张"阅读学习单"，让其读一读上面的题目，告诉他，读完此书，先填写这一份学习单。以"阅读学习单"来让阅读的过程"意义化"。

"阅读学习单"设计要点如下：

1. 使用语言需简要有趣，不要太课业化用语

比如：别再使用"佳作摘录"这样的字句，会让孩子以为又是一项功课。如果问"本书最让我喷饭的一段对白"会比较生动活泼，对孩子也是"非制式用语"的良好示范。

2. 视年龄来设计

比如：低幼的孩子可以替书中情节绘图，或说给爸妈听，或帮这本书评分(给几颗星)；高年级可以多些评鉴性质题目。

培养专业的阅读能力

随着高科技的飞速发展，互联网的全球化，人们获取知识的途径似乎更加便捷，很多人逐渐忽视了阅读的重要。事实上，虽然电子书、网络段子、文学网站等铺天盖地，风起云涌，恰恰因此，阅读显得更为重要。

因为，强调知识经济与终身学习的当今社会，阅读能力已经成为人类获取资讯、适应社会生活最重要的能力。这个能力对每个人来说都是不可或缺。

著名历史学家麦考莱曾给一个小女孩写信说："如果有

人要我当最伟大的国王，一辈子住在宫殿里，有花园、佳肴、美酒、大马车、华丽的衣服和成百的仆人，条件是不允许我读书，那么我决不当国王。我宁愿做一个穷人，住在藏书很多的阁楼里，也不愿当一个不能读书的国王。"

书，无论古今中外，无论大著小作，无论身价出处，从我们识字的时候开始，就一直陪伴着我们成长。从通俗易懂的小人书，到制作精美的漫画书，再到众人追捧的中外名著、畅销小说。我们的生活常常因为一本好书而受到启发，甚至改变。

培根说，读书在于塑造完全的人格。是的，读书使人充实，读书使人明智、聪慧，读书使人高尚、文明，读书使人明理、善辩。

杨绛先生说，一本好书，犹如一个精彩的世界。读书，犹如行走。读好书，可以让你足不出户，就可以感受到不同的生活和不同的世界。

那么，何为专业的阅读能力？

简言之，就是让阅读变得更加高效、更为持久、更倾向于目的性的一种能力。不同领域的人要求阅读不同类型的书籍。古人云"术业有专攻"，就是这个道理。

如何培养专业的阅读能力呢？可以从以下几点着手：

（1）将你的阅读书目分门别类。不要拿起书就读，这样只能令阅读杂乱无章。

（2）将阅读书目分清主次。先读最需要的、最重要的一本书，并读精、读透。

（3）摆脱阅读的被动状态，努力养成主动阅读的习惯。

此外，最重要的一点是做好读书笔记。常言道，好记性不如烂笔头。读书笔记在整个阅读过程中是非常重要的。

你读书的时候，应该备一本小册子，随时记录。

1. 记录新词新句

读到不识、不懂的字和词，马上记下来。自己查得出来，就从字典和词典上查出，详详细细地注个明白；自己查不出来的，或立刻去请教别人，或上课时请教老师。

2. 记录难解的问题

读到意义不懂的文句，马上记下来并注明页数行数，以便查对。或去请教老师或别人，如果遇到用字、造句，和文章结构上有疑问，也应及时记下来。因为这些都是对你非常切实、非常有价值的研究材料，绝不可以轻易放过的。

3. 发表自己的意见

一路阅读下去，也许心里会发生一种意见。这种意见，正可以记录下来。你不要以为自己年纪还轻，学问浅，不敢发表意见；如果用心细想，也可以有很正确的见解发表出来。记得我在高中读书时，有一位同班同学读了欧阳修的《明党论》，文中引述党锢的史事，说是汉献帝时候的事，他就指出这是错误的，说党锢之祸是东汉桓、灵二帝时候的事。另有一位同学，读了黄宗羲的《原君》，文中引许由、务光的事迹，作为古人不愿做皇帝的证据。他曾听说许由、务光的事迹是从庄子上引来；他又曾听说庄子一书，是"寓言占了八九"的；因此他就指出"寓言怎好当事实引证"？不错，用不可靠的传说作为立论的证据，确是一般学问家所反对的，从这两件事看来，各位朋友自然也会随时产生有价值的意见的，不妨认真地记下，以便将来提出来跟大家讨论。

平稳度过阅读"更年期"

很多热爱读书的人都有过不同的"症状"：有的人当读书读到某个阶段时，思想会莫名地放空，似乎头脑里空无一物；有的人本是嗜好读书，却在某一个时期心生厌倦，感到很疲怠；有的人本来按计划读书井然有序，却突然在某一刻发现，自己不想再继续下去……

上述种种，都可称之为阅读"更年期"。心生倦怠，每个人都在所难免。无论做什么事，都有一个需要坚持的过程。无数事实证明：只要你坚持到最后，你就一定能赢。

那么，如何平稳度过阅读"更年期"呢？

首先，给自己一个奋进的理由。

阅读，是一个人完善自我、修养身心、增强技能、增长见识的过程。这个过程不是一蹴而就的，要当成是贯穿人生始终的大事情。人这一生，唯学习不能等。老人常说，人要活到老学到老，就是这个道理。更何况，知识的海洋浩瀚无边，即便你穷极一生也不可能将全部的知识都学习掌握。这就需要你给自己定个明确的阅读目标，给自己人生一个准确的定位。一旦发生怠惰的情况，就立即告诫自己读书的理由，不停地、反复地对自己重复。

其次，适时换换口味。

很多同类型的书，当你阅读得越多，越会发现书籍间的雷同，越会觉得索然无味。从而心生倦怠。这个时候，不妨适当地给自己换换口味，改变一下阅读目标，找一些能激起自己好奇心和阅读欲望的书籍，找一些与你所学专业、所阅读的领域毫不相关或关系不大的书籍来阅读。一些漫画绘本、涂鸦手册都可以作为你的阅读调料。这些调料可以作为阅读的辅料，可以帮助你改善心情。同时，还可以拓宽你的知识面，可谓一举两得。

再次，时刻带着激情阅读。

阅读，如同做任何事，同样需要激情。很难想象一个对书籍如饥似渴的人对阅读没有激情。相反，一个毫无激情的人也不可能嗜书如命。只要你时刻带着激情去阅读，就不会出现倦怠之意。

最后，突破阅读的瓶颈。

每个读者都可能遇到过阅读的瓶颈，尤其是阅读专业性比较强的书籍。会碰到晦涩难懂的知识点。这就需要再去查证或翻阅其他资料才能让阅读顺利进行下去。

当你阅读遇到瓶颈时，这里有两个小窍门，即借助做笔记的手段突破它。

（1）画线可利用四色笔标示重要的程度。在阅读书本时，千万别在重要的地方画相同颜色的线，遇到这种情形，往往因重要程度而更改圆珠笔的颜色。最重要的部分使用红笔画线，次要者使用蓝笔画线，参考程度则使用绿笔画线。有人认为画线使用不同颜色的笔很麻烦。不过如此做之后，可以节省很多的时间。如果只使用红笔画线，则每一页都是红线，叫人分不清楚哪儿最重要，哪儿比较不重要。以致所有画线地方都要看，当然会浪费很多时间。虽然比较麻烦，如果以不同颜色笔画线，再阅读书本的话，不管在头脑里面，或书页上面，内容都会被整理，自然就能够成为提高效率的读书法。有一种四色笔，对于这种分色作业很有帮助。四色笔便于携带，对于随时随地读书的人来说，是一种不可缺少的必需品。

（2）书页上角打上"□""○""△"等重要标志以方便重读及检查。在书本的各页上角都打上"□""○""△"，以及"×"等记号。这仿佛是答案用纸的评分似的。事实上，这些记号是表示该页的重要程度。在阅读时，发现重要处，都会打上"□"，认为尚重要者会打上"○"，如果只能作为参考资料则打上"△"，至于不必要者，一律打上"×"。书本是知识的宝库，从那儿取出自己所需要的东西，也正是所谓"读书"的作业。打上"×"的部分，大体上都是难解的装饰语句，也可以说是作者卖弄玄虚的手段之一。只要把表示重要程度的记号打在书页上角，重读或检查时就可以一目了然，对读书效率当然会提高不少。

2 你在为谁读书：
重新认识你自己

立身以立学为先，立学以读书为本。

——欧阳修

你的阅读动机是什么

　　一本书就是一种人生，读书就是认识你自己。读对书，你就是精英。书，可以驱散长夜漫漫的孤独，可以让人在灰暗的岁月里，保存对未来的希望和理想的憧憬。书，可以让人远离封闭和黑暗，展现无尽的辽阔和光明。书，也可以让年轻、躁动不安的心，得到暂时的宁静和平和，让处于困惑和迷茫中的年轻人，感受生活的真谛和意义。

　　读书，使人了解世界的浩瀚辽阔，也能使人更热爱生命，热爱生活；读书，还能激发追寻真理、实现理想的欲望和激情。

　　一群孩子在一位老人家门前踢易拉罐玩，声响很大。弄得老人休息不好。

　　于是，他出来给了每个孩子20美分，对他们说："感谢你们在这里玩，给我带来了欢乐。"

　　孩子们很高兴，第二天仍然来了，继续踢易拉罐。老人再次出来，给了每个孩子10美分。他解释说，自己没有收入，只能少给一些。10美分也还可以吧，孩子们仍然兴高采烈地走了。

第三天，老人只给了每个孩子5美分。

孩子们勃然大怒起来："才5美分，你知不知道我们多辛苦！"他们很快散了。

后来，那些孩子再也没来。

这个故事在问：你在为谁而"玩"？那么你究竟是在为啥而学，你清楚吗？

一个人是否积极去学习，为什么去学习，乐意学什么，学得怎么样，都跟动机有直接的关系。而阅读是学习的重要手段。

动机是每个人不断进步的第一推动力。有了强烈的动机，无论什么样的条件，你都能集中注意力，尽力学好。动机和学习是辩证的关系，动机和阅读也是辩证的关系。

阅读能产生动机，动机又能推动阅读，二者相互关联。当你缺乏阅读的动机时，就会对阅读产生厌烦情绪，认为阅读是一件又苦又累的事；而如果你怀着明确的动机去阅读，就会把阅读看作是一件愉快的事，不觉得苦，也不觉得累。

我们知道，无论做任何事，感兴趣尤为重要。如果我们感到读书枯燥无味，或者感到读书是一件要用意志去克制的事情，那么，应该问一问自己，究竟为什么要读这本书？读书的动机是什么？动机强烈吗？

只要躬身自问，我们就会发现，阅读常常是有动机的，但各种动机在性质上有所不同。

例如，有的书之所以要认真阅读，是因为"要考试"，它们是升学、考证"不得不读"的书；有的书，是因为工作中遇到了难题而努力去读的；有的书，是因为前辈学者说过"这是一本治学者必读的书"；还有的书，完全是因为它吸引了自己，唤起了探求人生真谛的热情……如果把自己的各种动机开列出来，我们一定会突然发现妨碍自己提高阅读效果的症结所在。

阅读动机一般可分为两类。一类是"外在的动机"，也就是说，读者是在外在压力下产生阅读某本书的愿望的。如为考试、为竞赛、为逃避指责而去读书，多半属于这种情况。外在的动机常常可以使人迫切地需要读书。另一类是"内在的动机"，是指读者在没有明显的压力的情况下，由于自己的追求、审美趣味、求知欲而产生的阅读动机，读者所感受到的是内在的压力，自己给自己的压力。

2 你在为谁读书：重新认识你自己

阅读的主体是个人，是人的眼、脑、嘴、手的有机配合的独立活动，一切社会性的动机、外在动机要在阅读过程中发挥实际作用，必须要转化为读者个人的动机，外在的需要要转化为读者自己的需要。

深层的阅读动机是由世界观、学习目的、人生价值取向和知识水平所决定的。一时的阅读只需一时的动机就行，消遣性的阅读只需一般的动机就行，而作为开创性的艰苦的阅读，长期坚持不懈的阅读，则非有远大的动机不可。外界社会对个人的影响，也就是说，对人类的前途的关注，对祖国和人民的爱，一般表现为"发自内心深处"的阅读欲。思想家们如果有一天身边没有书可读，就会有一种不可名状的寂寞感和空虚感。只有这样的阅读欲才能使读书成为乐事。这正如孟德斯鸠所说，喜欢读书，就等于把生活寂寞的辰光换成巨大享受的时刻。对于读书欲弱的人来说，读物的难度会造成阅读兴趣的消失；但对于读书欲特别强的人来说，只要对胃口，读物越难，读起来越有味道。这种动机是深层的，阅读者自己也不是常常能意识到的。

除了读者的人生目标对于这种深层阅读动机的强烈制约之外，从阅读本身的角度看，这种深层阅读动机取决于哪些因素呢？一般来说，有以下几点：

读者的思维素质和语言能力。语言能力包括文字符号的感受能力，以及运用语言进行思维和表达的能力。语言能力较高的人，在阅读时花在理解文字符号上的心力较小，阅读的障碍较小。语言能力高，实际上是思维敏捷，因而在阅读一开始就迅速接受文字符号的刺激，产生出一种阅读的心境，激起阅读欲。即使拿到一本开始不太感兴趣的书，但开卷读了一小段，也会因为语言能力强，获得一种阅读的内驱力，而产生继续读下去的愿望。所以，一定要扎扎实实提高自己的思维素质和语言能力。

阅读习惯和经验。阅读习惯使读者迅速完成从其他活动转入阅读活动的过程，阅读是一种思考。因此在阅读开始时，心理往往不适应，发生"读不进去"的现象。没有阅读习惯的人这种心理不适应的阶段延续较长。对于阅读成习惯的人，心理转变较快，一拿起书，眼、脑、心都进入"临战"状态，稍读几行就能很快品出味来。阅读经验也起同样的作用。读过很多书的人，能很快地把自己的注意力调节到阅读中来。心理学的研究证明，习惯和经验与该行为的内驱力有关。要激发深层的阅读动机，必须培养自己的阅读习惯，使阅读成为自然而然的事，从而提高阅读效果。

读者的"自我意识"。在阅读中，读者有什么样的自我意识，就会得到什么样的阅读效果。以"博学家""学者"自居的阅读者在阅读中产生的内驱力，与以"随便读读"自居的阅读者是不同的。这个对阅读效果影响很大的问题，十分隐蔽地伴随在阅读心理的过程中，一般不为我们所察觉。有些大学生，在大学一年级时，心理上就过早地产生专攻某一学科的意识，结果很快失去了阅读其他必读之书的动机，形成片面的知识结构。还有的人认定自己是"不善阅读的人"，有了这样的阅读意识，就把自己束缚起来了。

读得少、读得慢、读得不好，反而认为符合自己的实际情况，严重妨碍了多读、快读的阅读动机的发挥。在阅读中，应该抱"无所不知""没有什么书是我读不懂的"态度，便会大大激发博览群书的阅读动机。

只有充分了解了自己读书的动机，才会有的放矢，明确阅读的目的，把书读精、读透，直至消化吸收。

阅读就要一丝不苟

人们常说良师益友，当你读了一本促进你人生飞跃的书籍，那么你就结交到一位真正的良师益友了。这个世上没有哪个人能随随便便成功。每个人的微小进步都是踩在前人智慧的肩膀上前行。

每一本书都是一个新的起点，当你翻过扉页的那一刻就注定了你与这位益友机缘不浅。所以，一定要认真对待你的阅读，一丝不苟，"读"有所成。

这是两则真实的故事。

1962年，美国发射了一艘飞往金星的"航行者一号"太空飞船。根据预测，飞船起飞44分钟以后，9800个太阳能装置会自动开始工作；80天后电脑完成对航行的矫正工作；100天以后，飞船就可以环绕金星航行，开始拍照。可是，出人意料的是，飞船起飞不到四分钟，就一头栽进大西洋里。这是什么原因呢？后来经过详细调查，发现当初在把资料输入电脑时，有一个数据前面的负号给漏掉了，这样就使得负数变成了正数，以致影响了整个运算结果，使飞船计划失败。一个小小的负号，竟使得美国航天局白白浪费了一千万美元、大量的人力和时间。

从前，医生常推荐儿童和康复的病人多吃菠菜，据说它里面含有大量的铁质，有养血、补血的功能。可是几年前，前联邦德国化学家劳尔赫在研究化肥对蔬菜的有害作用时，无意中发现，菠菜的实际含铁量并不像书上所讲的那么高，只有所宣传数据的十分之一！劳尔赫感到很诧异，他怀疑是不是他所实验的那种菠菜特殊，于是便进一步对多种菠菜叶子反复进行分析化验，但从未发现哪种菠菜的含铁量比别的蔬菜高很多的情况。于是他探索有关菠菜含铁很高的"神话"到底是从哪里来的。最后发现，原来是90多年前，印刷厂在排版时，把菠菜含铁量的小数点向右错移了一位，从而使这个数据扩大了10倍。

现实中，好多人对学习的准确性缺乏足够的认识，有的人还振振有词地为自己开脱。在我国，各种重大伤亡事故的频发，大都是责任心太差，粗心惹的祸。粗心的原因是多方面的，有的是性格问题，急性子爱粗心；有的是态度问题，不认真就容易粗心；有的是熟练问题，对知识半生不熟最容易粗心；有的是认识问题，没认识到粗心的危害……

解决粗心最根本的办法是养成一丝不苟、认真细致的习惯。

优秀的人从来都把一丝不苟作为一个习惯来要求自己，他们从平时一点一滴的小事做起，比如写字就得写整齐。干不好就重来，绝不凑合。做事一丝不苟，不允许自己有任何借口。

细节决定成败。一个人若对知识细节理解不深、记忆不准，常常发生错误，那就会降低阅读的质量和效率。如果你能从重视细节上尝到甜头，就会更加重视细节，自然也就会品尝到更甜蜜、更硕大的胜利果实。

学习应"处处留心"，读书宜"零存整取"。

银行的存款方式有很多种，其中有一种是"零存整取"。这种方式是为了方便那些每月余钱不多而又想攒钱的用户，通过每月存入一定数额的钱，达到积累资金的目的。读书也应如此。

学海无涯，艺无止境。读书上的"零存整取"是通过"处处留心"来实现的，南北朝的文艺理论家刘勰在《文心雕龙》中说"积学以储宝，酌理以富才"，讲的就是这个道理。

但是在实际生活中"处处留心"并不容易。清朝末年梁启超在谈及积累知识时说过："这种工作，笨是笨极了，苦是苦极了，但真正有学问的人，总离不开这条路。"纵观古今中外有识之士，无不"处处留心"以"储宝""富才"。名相萧何正因为他认真熟读"律、令、图、书"之类的知识，才在刘邦建立汉王朝中大立功勋。

如今科技迅猛发展，没有广博扎实的知识就难以胜任。因此，每一位读书人要善于在更广阔的社会空间吸知长智。

阅读就要不断地尝试

尝试是人类学习的本质，阅读的过程其实就是不断尝试的过程。真正的阅读都是带有个人意义的尝试学习。

尝试，促进了人类的发展，推动了社会的进步。从人类的发展史上看，类人猿为了生存，尝试站立起来，这是其进化成人的关键一步。远古人通过不断尝试逐渐学会钻木取火、打猎捕鱼、制造工具，使人类本身获得了发展。由于人类不断尝试，才有千千万万的创造发明，造就了丰富多彩的现代文明。

"没有什么不可能"，人生在于不断尝试，学习也是。一种方法不能解开谜题，就再尝试另一种，不做就永远不会成功。

　　有些人总是害怕出错，害怕遭人取笑，更害怕失败，缩手缩脚，把自己捆绑在安全范围内，踯躅不前。

　　优等生之所以优秀，是因为有一颗可贵的好奇心，他们勇于探索，勇于尝试，积极动脑，永远走在前面。

　　桑代克是动物心理学的鼻祖，联结主义心理学的创始人，创建了教育心理学，也是美国教育测验运动的领袖之一。他生于美国麻省一个牧师家庭，生性害羞、孤独，只有在学习中才能找到乐趣，也特别有学习的天赋。他一生致力于心理学研究，著述颇多。桑代克对行为主义学派的影响主要来源于他对小鸡、小猫研究的结果。

　　1895年，他到哈佛大学，做小鸡走迷津（走迷宫）实验，后转到哥伦比亚大学学习，继续利用猫和狗等做实验。他在实验中发现，最初，小鸡、小猫、小狗都是在死路里转来转去，偶尔会找到出口，逃出迷宫，而这通常需要花很长时间。但重复多次以后，小鸡、小猫、小狗在死路中瞎转的次数都会减少，花费的时间也会减少很多；训练到一定次数以后，一把它们放入迷宫，它们甚至会立即直奔出口而去，很快就成功逃脱。

　　桑代克认为，小鸡、小猫、小狗都不是通过推理和观察而学会逃出迷宫的，它们之所以能够顺利逃脱，原因只有一点，那就是不断地尝试。在不断地尝试和失败中慢慢消除那些无用的行为，记住那些有助于逃脱的行为，用桑代克的话说，就是它们已经在这些有用的行为和行为的目标之间建立了联系。

桑代克据此认为，学习的实质就是有机体形成"刺激"（S）与"反应"（R）之间的联结。他明确地指出"学习即联结，心即是一个人的联结系统"。同时，他还认为学习的过程是一种渐进的尝试错误的过程。在这个过程中，错误的反应逐渐减少，而正确的反应最终形成。根据他的这一理论，人们称他的关于学习的论述为"试误说"。

世界上任何事物的成功都始自尝试和信心。每个人身上都有巨大的潜能可挖，往往看似不能实现的事情，只要你勇敢地去尝试，并真正地为之付出努力，那就有可能成功。你不要以"没有办法"或"不可能"的托词或想法而让某项学习画上句号，让"没有什么不可能"进驻你的思维里吧，这句话对你会很有好处，有了它，你的学习就会有突破的可能，这样你在学习中就有可能成为第一个吃螃蟹的人。

一位武林高手跪在武学宗师的面前，接受来之不易的黑带的仪式。这个徒弟经过多年的严格训练，在武林终于出人头地。"在授予你黑带之前，你必须接受一个考验。"武学宗师说。"我准备好了。"徒弟答道，以为可能是最后一个回合的练拳。"你必须回答最基本的问题：黑带的真正含义是什么？""是我习武的结果。"徒弟答道，"是我辛苦练功应该得到的奖励。"武学宗师等待着他再说些什么，显然他不满意徒弟的回答，最后他开口了："你还没有到拿黑带的时候，一年以后再来。"

一年以后，徒弟再度跪在宗师的面前。"黑带的真正含义是什么？""是本门武学中最杰出和最高荣誉的象征。"徒弟说。徒弟等啊等，过了好几分钟，宗师还是不说话，显然他仍不满意，最后说："你仍然没有到拿黑带的时候，一年以后再来。"

再过了一年以后，徒弟又跪在宗师的面前，师父又问："黑带的真正含义是什么？""黑带代表开始——代表无休止的磨炼、奋斗和追求更高标准的里程的起点。""好，你已经可以接受黑带开始奋斗了。"

很多人在学了一项本领后便认为自己已经掌握它了。殊不知，自己其实刚刚跨进了门槛，只是开始而非结束。阅读是一项终生的事业，每天的阅读，相对于浩瀚的、日益更新的知识，永远只是一个开始。

法国著名的化学家、诺贝尔化学奖的获得者莫瓦桑曾说："我们在学习中，不能停留在已经取得的成就上面，在达到一个目标之后，我们应该马不停蹄地向另一个目标前进。一个人，应当永远为自己树立一个奋斗目标，只有这样做，才会感到自己是一个真正的人，只有这样，他才能不断前进。"

其实，读书即是如此，只有永不满足于现有的答案，向更远处、更深处挖掘，不断寻找最好的答案，才能走得最远。

很多人都知道登高望远天高地阔，但他们大多现实地把目标定在半山腰。一点点的满足就可以让他们笑意荡漾，止步不前。然而你要想事业有成的话，目标，就一定要在最高处。

任何优点和美德超越某种界限，它们就会发生转化。例如，饱学的才华，如果没有可靠的判断力相伴随，经常会转变成错误、自傲和迂腐。

读书永无止境，不满足是向上的车轮。一个优秀的阅读者，会在不断的疑问中去寻找最好的答案，会永远行走在学习的路上！

阅读让你成为更优秀的人

树有根，水有源。一棵树最初必由一粒种子，埋入土里，发芽生根慢慢长大而成。一个人的知识学问也由从小一字一句地读书，慢慢累积而成。房屋由基础而建起，知识由学问而学成，怎能在空中建楼阁呢？

学习就像建楼，只有最底层的根基打好，才可以一步步建设上面的楼层，只有脚踏实地，从基础知识学起，才能在知识的殿堂里登堂入室。若好高骛远，妄想一步登天，那就如空中楼阁，虚无缥缈。学习也是一样，不可妄想急功近利，投机取巧，一蹴而就。

从前某地方有个大富翁，什么知识都没有。一天，他来到邻近一户富人家里，见一座三层高的楼房，高大雄壮、宽敞疏朗，心中十分美慕。他想："我祖辈留给我的钱财不少，怎么不拿来也造一座高楼呢？"他喊来木匠："他家里的楼房是你盖的吗？"木匠答是，他便雇了这个木匠，让他马上找人开工，盖一座更华丽的三层楼房。

几天后，富翁得意地带着他的家人去看楼房，却看到木匠在一层砖一层砖地垒墙造屋，心中很不明白木匠在干什么，就问："你垒墙有什么用啊？"木匠回答："盖三层楼呀！"富翁又说："我不要你下面的两层，只给我盖最上面的一层房子就好了。"

木匠答道："没有这个道理！哪里有不盖最下层的房子而造第二层？不造第二层，怎么能造第三层？"

愚蠢的富翁却坚持他的想法，固执地说："我不要下面两层屋，必须给我盖最上一层楼！"

大家听了他的话，都觉得好笑，便不再理他了。

金字塔稳稳当当地矗立着，那是因为下大上小，阅读也应该借鉴金字塔，简单的作为繁杂的基础，容易的作为困难的基础，粗略的作为精细的基础。简单、容易和粗略就是金字塔庞大的基底，繁杂、困难和精细就是金字塔的顶部。按照这样的过程去阅读、学习，就一定能到达金字塔的顶端！

而金字塔的顶端不是那些好高骛远者所能达到的。踏实的人从来不会眼高手低，好高骛远。

阅读任何一类书籍，都必须一步一个脚印，由易到难，扎扎实实。切忌好高骛远，前面的内容没读懂，就急着去翻后面的内容。

聪明的读书人会先把简单的、基本的图书读懂了，从中思考总结，得出规律，然后再熟练基本技巧，在这样的基础上去涉猎更深的知识，读更深一层次的书籍。

练就过硬的阅读本领是每个读书人必备的技能。

过硬，就是基础扎实。这是学习的核心问题。"汝欲学诗，功夫在诗外。"这是大诗人陆游告诉自己孩子们的学习秘诀。因此在阅读和学习的时候，必须懂得基础的重要。熟才能生巧，才能厚积薄发，这是千百年来的学习方法。

有这样一个笑话：

一只博士熊分到一家自然研究所，成为所里学历最高的。

研究所里有一个小池塘，博士熊在第一个周末就去那里钓鱼，碰巧正、副所长都在。

他只是点了点头，跟这两个本科生可没啥好聊的！

不一会儿，只见正所长放下钓竿，打个哈欠，"噌噌噌"地从水面上掠过，径直走到对面上厕所。

博士熊的眼镜惊得都快掉下来了。水上漂？不会吧？传说中的神秘武功在这里出现了！

正所长回来的时候，同样也是"噌噌噌"地从水上漂回来了。

怎么回事儿？博士熊吞了吞口水，不好意思去问。

不一会儿，副所长也站起身来，走几步，同样，也是"噌噌噌"地漂过水面上厕所。这下子博士熊更是差点昏倒：不会吧，这个地方真是藏龙卧虎之地？

博士熊也内急了。这个池塘两边有围墙，要到对面厕所非得绕十分钟的路，心想，本科生能过的水面，我博士生岂能过不得？

博士熊二话没说，也起身往水里跨。只听"扑通"一声巨响，博士熊栽到了水里。

两位所长费了好半天劲才将博士熊拉了出来，博士熊满脸通红，双手一拱，说："请两位不吝赐教在下'水上漂'的绝技。"

两位所长相视哈哈大笑："哪里会什么'水上漂'，只是这个池塘上本来有两排木桩子，这几天下雨涨水正好就被淹在水面下。我们都知道这木桩的位置，所以可以踩着桩子过去。你怎么不问一声呢？"

有些学生就像笑话中的博士熊，看到技不如人，也不去问个明白，将本领学过来，而是选择去做闷葫芦，难以进步。

孔子云，"三人行必有我师"，每个人都有各自的优点，同样，每本书也都有可取之处、可读之处。知识的海洋博大精深，你不可能面面俱到，全盘掌握。有很多知识是你所不具备的，是你必须通过阅读、通过学习才可以得到。

歌德曾说，读一本好书，就是和许多高尚的人谈话。的确如此，我们在阅读的时候，要努力追求自己探寻不到的深度。读高深的书就如同与智者对话，常常是书中作者无意中的一句话，会使你茅塞顿开、豁然开朗。

王羲之曾经集合众家之长，才能尽变古体，被世人尊为"书圣"。《吕氏春秋》曾经集合诸子百家思想成为一字千金的难得好书。韩非子也曾集合各种不同的文化思想，成了著名的思想家。孔子周游列国，学到的知识尽为其所用，成为世代传诵的圣人。他们都是在自己的领域的集大成者。作为读书人，只有不断地通过阅读汲取他人的智慧，才能提炼出来他们身上的精华，从而令自己成为更优秀的人。

人类史上，有很多发明者、创造者都没有留下姓名，只有集合了那些发明创造而创造出巨大的价值的，才是成功的人。我们也要学习所有的方法，尽为我们所用，才能够在阅读上有质的飞跃，才能在人生中掀开崭新的篇章。

3 你该读什么书：
好书不厌百回读

当我们第一遍读一本好书的时候，仿佛觉得找到了一个朋友；当我们再一次读这本书的时候，仿佛又和老朋友重逢。

——伏尔泰

什么样的书是为好书

你该读什么书，取决于想成为什么样的人。阅读好书就像跟历代名贤圣哲促膝长谈，他们高尚的节操会对我们产生潜移默化的影响，所以大量阅读是完善自我的必由之路。林肯少年时，就因为偶然一次阅读了华盛顿和亨利·克雷传记，从此立下宏伟的志向，最后成了"美国历史上最受人尊敬的总统"。

关于什么是好书这一话题，人们时常谈起，也无统一的答案。在不同读者的眼里，每一本书都可能是好书。人们因各自的喜好和目标不同，每本书也因此在不同的读者眼里占有不同的地位。

印刷物自诞生那一刻起便承载了传播知识、传播文化、传播思想等内涵。一本有价值的书能影响一个人的一生，这绝非危言耸听。很多人，人生的改变皆始于读书。

人们看书一般都有两种感觉：一种是让你不忍释卷、沉浸其中的感动你的书；一种是看过后能发人深省、引人深思的书。

真正的好书，能让人在阅读时废寝忘食，全身心地投入进去，读过之后，又意犹未尽。真正的好书是震撼心灵的作品，而不是随便哪个作家都能写出的作品。如今，科技的发达，网络的普及，很多网文如春草般疯长，更多的网络小说和言情小说，其实也只不过是娱乐大众，没有太多的思想内涵。

而衡量一本书是否是好书，也与个人的文化差异、理解能力和阅读水平，以及经验、经历等密切相关。当然，需要强调的重要的一点是，你的思考与震动应该是主动的、自发的、不知不觉的，而不是被动地要求去思考。假如你不是被强迫着或被教育着去看一本书，你自己真正用心去看一本书，完全看进去了，这本书无疑就是好书。

也有一些书，在你未读之前未必能发现它的好。哪怕你开始读了，没有用心去读，也未必发现它的好。有时候，读书也需要一定的环境和心情。无论哪类书，只有你用心看进去了，你才能发现书的好。

事实证明，很多古今中外的名著一般人看不进去，但只要你能看得进去，只要你能抱着"我一定要读"的心态，你就会发现这些被传为经典的书籍的确有其过人之处，而且绝大部分流传下来的确实是好书。据此，我们也可以这样说，好书不是谁都能看得进去的，好书也不容易读懂。

在诸葛亮的《诫子书》中有这样一句话："非学无以广才，非志无以成学。"意思是说，不学习就难以增长才干，不立志就难以学有所成。在这点上，范仲淹堪称典范！

范仲淹是北宋时期著名的政治家、文学家。他自幼丧父，其母又改嫁，生活很贫困。但他却心怀大志，毫不气馁。十几岁时，他住在寺庙内，昼夜苦读。每天，他煮一锅粥，凝冻以后，用刀划成四块，早晚各取两块，就着几块咸菜吃。他常常学到深夜，困倦了，就用冷水洗洗脸，继续苦读。

他一心埋头读书，每天只吃两顿稀粥的事被当地一位官员知道，就让人给他送去美味食品，可是这些东西他碰也没有碰，原封不动地放在那里，有的都腐烂了。送食物给他的人问他为啥不吃，他回答说："不是我不感激你们的好意，因为我吃粥已经很久，习惯了。现在突然享受这么好的东西，以后我还能吃得下稀饭吗？"后来他连两顿稀饭都吃不上，就一天只吃一顿。尽管如此，他仍然坚持日夜苦学，实在困极了，就和衣在桌上打个盹。在外求学的5年里他从没有舒舒服服地上床睡过觉。

古今中外，有成就的学问家无不因读书而成就自己。中国教育家，被尊为至圣先师的孔子，几十年一直勤奋地学习各种知识技艺和治国本领，连衰老都没有觉察到。纵观历史上的伟人、英雄和大学问家，大多是出身贫苦，即使不是出身贫苦的人，也是经历了许多艰难困苦的磨炼才有所成就的。孔子有名的学生颜回也以老师为榜样勤奋学习，他身居陋室，生活清苦，却一心发奋读书。所谓"梅花香自苦寒来，宝剑锋从磨砺出"，讲的就是这个道理。

所以说，要想学习到真本领，非勤奋读书不行。那些抱怨读书太苦、太累的人只是为自己不肯下苦功而寻找借口。

学习是做学问的过程，这个过程是从无知到有知，从知之不多到知之较多，不断学习、不断积累，循序渐进的认识过程和实践过程。它更是一个从感性到理性，然后再回到实践中去的反复磨炼的过程。它是个人脑力劳动的过程，也是通过个人的主观努力，去领会、阅读各种书本知识或认识客观世界，掌握各种有用知识，发展个人能力和形成个人品德的过程。

只有自己付出血汗，坚持不懈、顽强不屈地战胜各种困难，才有可能给自己一个完满的人生。如果没有勇气和毅力，如果没有热忱和勤奋，只想轻而易举地取得成功，这是不可能的。

天道酬勤，只要你付出，就一定会有回报。成功的人比你多付出的只是勤奋而已。只要你热爱读书，只要你是个内心还有所追求的人，请将"读好书，交高人"作为自己的座右铭吧！只要是能促进你人生进步，只要是能让你不断地突破和超越，这样的书就堪称好书。

主动去阅读好书

有一种表，可以自动上弦、计时，它有什么特殊的构造吗？原来这种表本身带有自动装置，组装有叫"转子"的这种旋转部件，手腕一摆动，"转子"就旋转，从而就上了弦，手表就会自动走起来，所以不需要人工去上弦。

主动阅读的人就装了这种"自动装置"。他们不用别人督促，高举着"我是读书人"的旗帜，而是主动地去阅读。

阅读本来就是自己的事，别人只能提供帮助，没有人可以替代你去做，也没有必要总是让别人提醒，就像一个人"学走路"。

"学走路"意味着没有人能够代替你走路，你只能自己经过爬行，跌跌撞撞，然后就学会了直立走路。尝试、摸索、跌倒、摔跤之类的错误是成长的正常代价，如果不付出这些代价，人就不会掌握走路的技巧。在阅读学习中，别人可能会帮助你解决某一困惑，但真正的帮助是让你"摆脱一个人对另一人的依附"。

什么是主动阅读？其实很简单。

主动阅读是指阅读者在阅读活动中表现出强烈的求知欲，能合理安排自己的活动，运用科学的方法独立阅读，有刻苦钻研的精神，并具备自我评价的能力。

通俗地说，就是在阅读中遇到困难或新的问题出现后，有的人常以"没读过""不会"等为由拒绝尝试，这样就丧失了一次独立学习的机会。而有的人则敢于尝试，把克服困难的过程看作是学习的过程，读不懂的知识就主动去查资料、请教某方面的专家，带着问题去阅读，这就叫主动阅读。

阅读并不是随便翻开一本书就能读好的，也不是在别人的指使下勉强阅读就能产生兴趣的。阅读不能依靠别人的唠叨、被人催促，因为这样极有可能会引起你的逆反心理。只有自动自发地阅读，才会取得优异的成果。

荣获1964年诺贝尔物理学奖的查尔斯·汤斯曾说，是童年自己积极观察和寻找的经历引发了他对科学探索的兴趣。童年的他深受父亲的鼓励，经常针对百科全书上的问题自己去查。童年的他很喜欢做游戏、猜谜，还常常到野外找一些不知名的东西，他总想发现新的东西。一次，他发现了一种鱼，并寄给了博物馆，得到了来自博物馆的肯定，从此以后，查尔斯·汤斯更加喜欢自己主动阅读和探索了，最终致力于物理学领域的研究，并取得了重大发现。

阅读的主动性是影响一个人学习质量的关键。积极的自主阅读是人一生永远需要的一种能力。

你需要不断地努力

"好书不厌百回读，熟读深思子自知。"一本好的书必定能经得起千百遍的阅读。读书，不仅仅是简简单单的看过就行了，而是要求你在看书的过程中，多多用心去领会。当你读多了，自然就会明白这本书值得你深思的地方在何处。这句话体现的正是《论语》中的"学而不思则罔，思而不学则殆"。

很多人遇到困难无法解决，或面临瓶颈时认为自己太笨，却没意识到他们只是不够努力。

一个黑人小孩在他父亲的葡萄酒厂看守橡木桶。每天早上，他用抹布将一个个木桶擦拭干净，然后一排排整齐地摆放好。令他生气的是，往往一夜之间，风就把他排列整齐的木桶吹得东倒西歪。

小男孩很委屈地哭了。父亲摸着男孩的头说："孩子，别伤心，我们可以想办法去征服风。"

于是小男孩擦干了眼泪，坐在木桶边想啊想啊，想了半天终于想出了一个办法，他去井上挑来一桶一桶的清水，然后把它们倒进那些空空的橡木桶里，然后他就忐忑不安地回家睡觉了。

第二天，天刚蒙蒙亮，小男孩就匆匆爬了起来，他跑到放桶的地方一看，那些橡木桶一个个排列得整整齐齐，没有一个被风吹倒的，也没有一个被风吹歪的。小男孩高兴地笑了，他对父亲说："木桶要想不被风吹倒，就要加重木桶自己的重量。"男孩的父亲赞许地微笑了。

我们可能改变不了风，改变不了这个世界和社会上的许多东西，它们都是外部因素，是不可控的因素。但是我们可以改变自己，改变对自己的看法，改变对自己的要求，改变自己的努力方向和程度。

这种改变是建立在对事件的正确看法上的。

失败者常把失败归结为自己脑子笨、智力不行等。这种看法使得他们觉得自己能力有限，只能达到那个水平，努力不努力都一样，逐渐变得灰心丧气，对学习任务，特别是在困难面前缺乏坚持，丧失了自信心。久而久之，他们可能会处于落后状态，但也心安理得，安于现状。他们安心于才智不行的误区，不愿意去认真思考，如何改变现状，如何力争上游。

相反，优秀的人将自己的成绩归因于努力的结果。这种正确的归因让他们的信心越来越强，更加激发了阅读和学习的兴趣与动力，于是更加地努力，取得更多的成绩，从而进入了一个良性循环中。

用心理学上的归因理论来讲，成败的原因可归之于外部的原因和内部的原因两类，外部归因的因素有机会、家庭、父母、教材、教师等客观条件；内部归因的影响因素有能力、努力程度、策略选择、情绪、动机、人格和心理状态等主观条件。归因还可以分为稳定归因和不稳定归因。稳定归因是将导致成败的因素归之为相对不变和不可控因素，如内在的能力、气质，外部的家庭和环境条件、知识难度等。不稳定归因是将导致成败的因素归之于易变和可控制的因素，如内部的努力程度、策略选择、情绪和心理状态，以及外部的机遇等。

一般来说，学习正确的归因是对成败的原因进行实事求是的全面分析，弄清内外因素的实际作用，总结出成败的真正原因，在此基础上采取正确的对策，从而获得成功，而不是片面地归之为外因或片面强调内因，甚至产生借口症，不利于战胜挫折，从而走向失败。

成功归因于自己的能力和努力的人，比归作外因（如任务的难易、运气的好坏、有无他人的帮助等）的人，可以产生更高的自尊感和自豪感，而且他们倾向于形成更高的成就动机，并做出更大的努力来。而经常把活动的结果归因于机遇、运气，归因于不稳定的外因的人，将使他们随着时间的推移，对学习不愿意付出过多的精力和做出更大的努力，学习的动机将逐渐削弱。纵然是获得成功也不会使他们感到自豪，不会加强他们的成就动机，不会提高他们的努力程度——这是比能力以及其他个性特点更能够随意控制的。

看来，你和优秀的人的差别只是你和他对结果的归因不同而已，你们的智力上没有任何差别。所以，你千万不要低估了自己，也不要高估他人的才智，不要没有信心，不要自贬身价。坚持你行，他行，我也行。发挥自己的智慧和潜力，发掘个人的专长，坚持不懈，一定能取得成功。

有句话说得好：简单的事重复做，你就是专家。一本好书放在你面前，"书读百遍，其义自见"，也是同一个道理。

读书的N个理由

爱读书的人之间流传这样一句话：书非借不能读也。的确如此，作为一个爱书之人，恨不得将天下好书尽归己有。而费些周折好不容易借来的书，拿在手里爱不释手，想着赶紧读完，然后及时送还。

读万卷书，行万里路。这是古人坦然的人生态度。读书，行走，也是如今生活在凡尘俗世的很多人，几乎可望而不可即的人生理想。但我们有幸生活在一个自由阅读的时代，不需要躲躲藏藏，不需要遮遮掩掩。我们可以自由自在、天马行空地漫游在书的海洋中。读曾被禁锢的书籍，读畅销流行的小说，读让我们开心、让我们掉泪、使我们获得知识的书籍，读我们的过去、现在和未来。

但是，无论做什么事都有做事动机，读书亦然。阅读动机指引我们的阅读活动朝着一定的方向进行，它不仅引发学习行为，还指导行为的方向。譬如，某一人继续追逐儿时就有的当作家的理想，那他的活动就朝着这一方向进行。他大量阅读中外著作，研究其写作方法与技巧；一般人看电影、电视只作娱乐，而他却在研究其题材布局、语言运用以及形象塑造等；他还经常练笔、投稿，等等。总之，他的一切活动都沿着作家之路进行。

学习行为对动机也有它的反作用。美国心理学家奥苏伯尔说："动机与学习的关系是典型的相辅相成的关系，绝非一种单向性的关系。"即持续的学习可以强化动机。也就是学习效果的好坏与学习的动机有关。比如，上例中立志当作家的学习者，如果在学习过程中，有练笔的小作发表，受到好评，那就会加强他继续作家之路的信心和决心，但如果屡遭退稿，那么他可能就会觉得当作家只能是个白日梦，从而放弃。

优秀的人一般都有强烈的学习动机，动机在目标的指引和对自己的认识下变得明确而强烈。同时，他们还依靠学习情况不断地反馈刺激学习动机，让自己保持一定强度的学习动机，激起上进心，及时改正。

所以，无论如何，请带一本书上路。无论得意，抑或失落；无论高潮，抑或低谷，让书陪伴我们漫步人生路，一起感受生活的酸甜苦辣，一起经历人生的跌宕起伏。你会发现，书中的世界，原来也如行走一般精彩。

具体说来，读书的理由大抵有如下几点：

1. 读书可以修身养性

读书之人都散发出别人所不具备的独特气质。古人云"腹有诗书气自华"就是这个道理。苏轼饱读诗书，才有豪放之气；宋濂遍览群书，才有儒雅之气。因此，只有多读书才会气足，气足则文华品贵。通过不断地阅读，你才会发现自身的诸多不足，不断地完善自我，不断地改正错误，摆正自己前进的方向。如此，你会变得知书答礼，与众不同。

2. 读书可以开阔视野

儒雅之士多颇有风度，皆因见识见解使然。多读书，不仅增长知识和技能，让你浑身充满力量，更能开阔你的视野，改变你的世界观。事实证明，书读得越多的人，其看问题的角度也不同，往往会对人或事有更深层次的理解和领悟。

3. 读书可以明智

多读书，可以让你更有智慧，更能勇敢地面对人生的诸多困难和磨难。读书，可以愉悦性情，让人心灵变得澄净。读书既是一种休闲，又是一种愉悦身心的方式，可以令身心健康。因此，很多人都用读书来放松心情是一种十分明智的选择。

读书能给人知识和智慧，能陶冶人的情操。古人云："书中自有黄金屋，书中自有颜如玉。"可见，读书在古人心中的地位。无论对古人还是对于现代任何人而言，读书都可以让求知的人从中获得新知，让无知的人变得有知。

4. 读书给你希望和勇气

人生不如意的事有很多，当我们面对苦难和挫折时，我们苦闷、悲伤、彷徨、绝望……甚至被迫低下骄傲的头。然而你是否想到书籍可以给你希望，给你勇气，使黑暗重现光明？读海伦·凯勒那感人肺腑的故事，我们深切地感受到遭受噩运的人所表现出的坚强、勇敢和自强不息，更加激励我们在人生道路上勇往直前，做自己命运真正的主宰者。在书籍的带领下，我们可以不断地磨炼意志，越发成熟。

4 如何阅读一本书：
坚持有效阅读

读书之法无他，惟是笃志虚心，反复详玩，为有功耳。

——朱熹

提高阅读的速度

"知识爆炸"迫使我们提高阅读速度，大量地吸取知识已成为现代人的梦想。但是，我们的阅读速度实在太慢了。提高阅读速度，实现高效阅读，已然迫在眉睫。

按阅读的速度分，有慢读和速读。慢读的功夫需要韧劲和耐力，对于阅读草率、粗疏的人，应该先练习慢读，做到目不斜视，心无旁骛，能一连坐上几小时。据说牛顿思考问题，注意力十分集中，头一天坐着的那个姿态，一直到第二天竟没有改变。慢读需要的就是这种专心致志的功夫。一般来说，慢读表现为精读，速读表现为略读，但这也不是绝对的。在科学技术高度发展的时代，阅读材料成倍增长，加快阅读速度十分重要。无论略读、精读，都需要调整速度。

快速阅读法是从文字中迅速搜取有用信息的一种读书方法，它不是只求速度的表面性的快速浏览，而是一种注重质量的创造性的理解过程。读者要在这个过程中对书的内容进行分析、综合，从而为形成新知识打下基础。快速阅读一般适宜用于阅读科技杂志、报纸、科普读物、公事文件等。具备了速读能力的人，阅读效率是惊人的。据苏联老布尔什维克潘·勒柏辛斯基说，列宁读书时，他的眼睛和思维反应十分敏捷，这种情景使他身旁的人都感到吃惊。他对书籍的理解能力达到了罕见的程度。勒柏辛斯基的妻子曾经同列宁一起乘船从克拉斯诺亚尔斯克流放到米努辛斯克，她在船上观察了列宁读书的情景。勒柏辛斯基叙述了他妻子的一段回忆：

列宁手里拿着一本很厚的书（似乎是外文的）。可是看了不到半分钟，他用手又翻到了新的一页上。她好奇地问："您是一行行地读，还是整本书地翻？"列宁对她提的问题有点不解，淡然一笑说：

"当然在读……而且是很认真读，因为这本书有值得一读的地方。"

"那您为什么一页页地翻得那么快？"

列宁回答说："如果我读得很慢的话，那就说明我没有来得及读我所需要了解的全部东西。"

在列宁那个时代及其以前，虽然不少人有奇才，具有惊人的阅读速度，但是人们还没有把速读作为一种阅读方法来加以研究。大约从20世纪40年代开始，有关专家才注意研究发现，在当今"信息爆炸"的时代，多数人的阅读速度仍停留在100年前的水平上。许多读者迫切要求掌握速读技巧。

那么，速读的技巧及原则有哪些呢？

1.扫描法

这是一种快速浏览法。从形式上看，"扫读"是粗粗地一扫而过，一目十行、百行，其实这对读者的要求更高，它需要注意力高度集中，在快速阅读中，准确挑选出重要信息。实验证明，视觉(特别是周围视觉)发达和经过训练的人一打开书，就能立即发现自己要找的东西。用扫描法阅读时，最好手里拿一支铅笔，一面挨页翻书，一面把有关材料、人名、主要观点和重要数据勾画出来。这样不仅便于抓住主要的东西，而且可以减少第二次阅读时的"陌生感"。扫描法还可用在复习中，一本书读完了，再顺手挨页翻一遍，这样就把细读中被剖析分开的整体重新连了起来。当然，扫描法用得最多的是在寻找人名、地名、论点和重要数据等资料中。

2.跳读法

跳读法是快速掠过，从中提取精华的阅读方法，与扫描法不同，它是跳跃式的，略掉一些东西不读，而扫描法则是逐页扫过。跳读法可分为以下几种：首尾句读法、选择跳读法、语法词跳读法、随意跳读法。

上述四种跳读法是以书中出现的线索为阅读的注意点，随意跳读法的主观性则很强，它完全根据阅读者的兴趣和思路来找阅读的注意点，而略去书中的一些章节、句子和词语。

3. "消化吸收"的速读"三步曲"

快速阅读法要求读者对书中内容的理解，带有浓缩知识的特点，在充分消化重点内容后吸取其中的精华。专家们为此设计了"三步曲"式的"消化吸收"阅读法：

第一步，选出最能反映内容实质的相关词语——关键词；

第二步，将关键词加以有机的组合排列，使它具有完整的意义；

第三步，用自己的语言把这些内容表达出来，进而记住它。

你应该采用的正确阅读速度并不是只有一种。最理想的是，能够运用各种不同的速度来阅读，而且知道什么时候用什么速度为宜。高速度的阅读能否取得成效还值得怀疑；只有在你不得不读并不真正值得阅读的材料时，高速度才有价值。无论怎样，阅读速度的快慢，只是大多数人阅读问题中的一个小问题而已。

改进阅读的技巧

阅读不能依靠加快翻书页速度和人为地强迫眼睛运动等机械的方法来改进，这种方法是没有魔力的。只有在阅读技巧上下功夫才会产生魔力。

语调方法

默诵是阅读和理解过程中的一部分，可以运用它来做有高度理解的快速阅读。

最有效地运用默诵即是通过语调。语调指的是在读句子时是用升调还是降调。换句话说语调阅读就是有表情地阅读。语调能够自然地将单个的词汇组成有意义的"语段"。

要用这个方法，就得让视线像通常一样在书页上快速移动。不必发出任何声音，但要让思想在每一行上回旋，用一种"内耳"听得见的语调节奏。这就是有表情的阅读。这样做了，就在把文字变成书面形式后失去的重要韵律、重音、强音和停顿重新用上了。

为使不出声的语调阅读方式成为经常习惯，开始的时候，可以在自己的房间里出声地朗读。用10～20分钟来念完小说中的一章。要带有夸张的表情来念，就像是在朗诵戏剧中的台词。这样在脑子里会建立自己的一些语言模式，在默读时，就会更容易"听到"它们。

词汇方法

也许没有比积存丰富而精确的词汇这一方法更可靠、合理地来永久提高阅读能力了。

精确的词汇要求我们把每个词都当作一个概念来学习，知道这个词的来源，主要含义，几个次要含义，它的一些同义词及它们之间细微的区别，以及它的一些反义词。于是，在阅读中遇到这个词时，这大量的词汇便会闪现在面前，启发我们理解这个句子、段落以及作者想传达的思想。

背景方法

读几本好书会使我们在很大的程度上改进阅读。这样说的第一个理由是，这样做会得到很多练习的机会，更重要的是，可以积累大量概念、思想、事件和名字，它们将在我们今后的阅读中发挥作用，这些信息被运用之频繁令人惊奇。

杰出的心理学家戴维·奥斯贝尔指出，阅读的关键性先决条件是我们已经掌握了的背景知识。奥斯贝尔的意思是如果要理解所读的内容，就必须运用已掌握的知识（背景）来理解它。所谓背景并不是生下来就有的，是通过直接的和间接的经验而积累起来的，当然，间接经验是通过听、看电影或读书得来的。

作者在书上常常引用名著、名言或众所周知的事件。在许多情况下，我们虽然不知道出处，但仍能理解故事内容。但有时，一个引喻也可能是很关键性的，如果没有这个背景知识，就得去查找它的含义。为了说明这一点，我们拿罗伯特·路易斯·史蒂文森的一段话来做例子：

And most long ago I was able to lay by my lantern in content，for I found the honest man.

这一句由20个很简单的词组成，其中许多词只有两三个字母。其中有一个对理解这句话有着决定性作用。作为一个实验，在念下面一段之前，回过头去看看自己能否找出那个关键词。

这个句子中被人最多找出的两个词是honest（诚实）和content（满意）。不错，这两个都是美好的词，但都不是关键词。那个关键词应是lantern（灯）。当然，史蒂文森指的并不是一盏普通的灯。第欧根尼是公元前4世纪希腊哲学家和批评家。他在大白天举着一盏点燃了的灯走在雅典的街道上，盯着过路人的脸庞，他说他在寻找诚实的人。他是用夸张的手法向人们表明甚至在大白天举着点燃的灯也难找到诚实的人。

很清楚，如果读者不了解第欧根尼的故事，就无法完全理解史蒂文森的句子。而这不过是成千上万个例子中的一个罢了。我们不可能将每一事实、神话、故事和诗歌存入自己的背景知识库里，但是，可以通过阅读，增加其容量，从而使阅读收到更好的效果。

吉本方法：大回忆

著有《罗马帝国衰亡史》的英国伟大的历史学家爱德华·吉本（1737—1794）经常运用"了不起的回忆"这个技巧。这种技巧只是指有组织而认真地运用人们的一般背景知识。

在开始阅读一本新书或者在写某一课题之前，吉本常独自一人在书房里待上几小时，或独自做长时间的散步来回忆自己脑中所有的对这一课题的知识。当他在思考着主题思想的时候，他会不断惊讶地发觉，他不可以挖掘到许多别的思想和思想片断。

吉本方法是极其成功的，因为他所凭借的是一些自然的学习原理：

（1）脑子里将过去的想法提到最前面，以备应用；

（2）过去的思想可以作为吸引新思想新信息的磁力中心；

（3）这种回忆方法可使人集中思想。

段落方法

为了更好地理解文章内容，可以在读完每一个段落之后，停顿一下，将段落内容概括压缩成一句话。要学会概括和压缩，就必须知道三种主要的句型：段落主题说明句、论证句以及结论句。

如果发现了段落主题说明句，就立刻把它画出来，因为它不仅现在醒目，而且在以后的复习中亦很醒目。每段的最后一句话可能是结论句，用来概括讨论内容，强调要点和重述整个或部分主题的说明句，从而结束这一段落。

当然，阅读的段落是一部比较长的作品的一部分，除了新的信息的提出并讨论说明段外，这种比较长的作品包括三种形式的段落：导言段、转折段和概括段。这三种形式都应该提醒：导言段表示将讲些什么；转折段表示即将讨论一个新的主题；概括段指出该段内容的中心思想。

结构形式法

有成效的阅读的秘诀是思考。我们必须思考所读到的词以及这些词所代表的思想。这听上去挺简单，事实上却并非如此。问题是，我们阅读的时候，思想常常不集中。我们在思考别的问题时，就不能思考我们正在阅读的内容。

有一种方法可以使我们阅读时集中思想，就是看出并认识到作者所用的结构形式。这样，就会和作者一起思考。例如，会认出正在读的段落是按时间顺序来组织的。就会对自己说："我知道她在写什么，她是把大萧条期间所发生的主要事件按年份来描写的。"领会了这个结构形式，思想就会逗留在阅读的作品上并会思考着它。

一次一页法

托马斯·麦考莱（1800—1859）是英国的政治家、史学家、小品文作家和诗人。他的最伟大的作品《英国史》出版后，销量超过了所有其他书籍而仅次于《圣经》。

麦考莱在3岁时便开始阅读成人的书。但在读了一书架一书架的书籍后，他突然发现花了那么多精力并没得到许多知识。

他能够看懂作者们的每一个字，似乎也理解他们想要说些什么，但之后他不能概括书本所讲的思想，甚至也不能用一般的措辞形容作者所写的内容。

他对解决这个问题的方法作如下的描述：

当我念到每一页底下时，总让自己停下来讲一讲这一页所写的内容。起初我总要念上三四遍才能使自己的思想稳定下来。但我强迫自己来遵守这一规定。一直到现在，当我念完一页时，就差不多能把它从头至尾背出来了。

麦考莱的方法没有什么复杂的公式，只要在每页结尾的地方，问一下自己："简单地说，作者在这页里讲了些什么？"

这个曾有益于麦考莱勋爵的方法对我们同样有用。这会使我们集中注意力，在阅读过程中不断地进行思考，也会加强我们的记忆力。

丹尼尔·韦伯斯特法

丹尼尔·韦伯斯特有他自己的集中注意力的方法：他在读一本书之前，先看一遍目录，读一遍前言，再翻上几页。然后开列这样的几张表：

（1）他期望这本书能回答的问题；

（2）他期望阅读中得到的知识；

（3）这本书会把他引导到哪里去。

这三张表指导他读完全书，并使他的注意力高度集中。

关键词法

在阅读时最能给予帮助的词是介词和连词，它们能够引导我们进入作者的思路。如"furthermore"这个词表示："继续下去！""However"表示："后面部分需要引起注意。"

掌握上述词汇或短词，就立即能成为一个更好的读者。

略读法

略读包括多种速度用途，从快读一直到查找，查找简直不能称为阅读。下面是略读的五种目的以及各自的方法：

（1）大海捞针，寻找你所需的信息，如姓名、日期、词或短语等，只要辨认，便可找到答案。

（2）寻找线索。我们想要找一条特定的信息，可又不知道它会在哪些字眼中出现，那么你就要注意线索，而线索则是可以以各种方式出现的。

（3）要领。有时候可以通过略读来抓住一本书或一篇文章的要领。我们可以用这种方法，来弄清楚一本书是否同研究的课题有关。

（4）对书中的一章做总的了解。这样的略读可以使我们弄清楚每一部分在整体中相对的重要性。

为使略读成为一个有效的工具，必须练习，要记住使这种方法适合自己的目的。略读可为我们的学习以及将来的专项工作节省时间。

抓住阅读的重点

阅读的主要目的，是要理解。必须根据主题建立一套分析的体系，先观察一个有完整思想、段落的句子，接着就解析构成句子的单字，最后才认识字母。也就是说先找出作者强调的重点和目的，从目录中了解书的结构。找出几篇重要论点所在，再仔细阅读。可以假设自己是个侦探，要找出书里面的主题、观点等线索，必须随时保持机灵，才能很快达到目的。第一次阅读一本困难的书，最好能一口气读完，不要为了不懂的地方而停下来思考或查证。能很快读过一遍，第二次再阅读时，就能了解更多，吸收更多。太早查证参考数据，对我们不仅没有帮助，而且会妨碍我们阅读。还必须能运用不同的速度来阅读。还可以使用手指当作指针，不仅要训练增进阅读速度，而且也要促进精神更加集中。

读书的一个很重要的原则是主动阅读。主动阅读的简单规则——边读边提出问题，而且必须尝试着自己去回答问题。无论读任何书，都必须提出问题，这些问题也与重点有关：

（1）书的内容大体有关什么？

（2）作者详细叙述的是什么？

（3）这本书是真的吗？

（4）这本书和自己又有什么关系？

要能够抓住重点，指出作者一连串观点的发展，无论如何必须把所有的观点连贯起来。

培养习惯的方法无他，只有不断地运用练习，形成阅读的习惯。习惯是第二天性，把握规则才能将其熟练运用，把握原则，加上不断地练习、运用，才能养成习惯。

抓住重点的学习方法分为三个阶段：

第一阶段——找出书本内容的规则。

（1）依照作品的种类和主题加以分类。

（2）使用最简短的文字，叙述本书的内容。

（3）按照内容发展的前后关系及顺序，一一列出各部分的大纲。

（4）确定作者所要解决的问题。

第二阶段——诠释作品内容的规则。

（1）找出作品的关键字眼，并且完全了解这些字眼的意义。

（2）找出重要的句子，从中掌握作者的主要命题。

（3）找出互相关联的句子，并加以组织，以便了解作者的论点。

（4）确定作者已解决和未解决的问题，最后再断定他所无法解决的问题。

第三阶段——评论一本书的规则。

进行评论的一般礼节：

（1）还不能充分了解作品以前，不要任意同意、反对或存疑。

（2）不要恶意反对或驳斥。

（3）批评作品时，必须提出批评的理由或证据。

批评观点的特殊准则：

（1）指证作者的无知。

（2）指证作者传递错误的知识。

（3）指证作者不合逻辑的观点。

（4）指证作者分析或解释说明得不完全。

　　解说的书主要是传达知识，只有经过思考后抓住重点，拟出来的规则，才能一目了然。明智的行为是以知识为基础。理论的书，告诉读者事情是怎么一回事。实用的书，则是教导读者如何做自己想做的事，及如何思考必须做的事。理论所要表达的，是事情的真实性及事情本身的内容，而不是提出获得更好结论的建议和方法。哲学书籍所涉及的范围，都不超出人们日常的生活经验。

　　必须以透视的眼光去读，了解一本书，最主要的就是把握架构，把握住文章的要点。每一本值得阅读的书，都具有完整的架构，且各个部分有系统地组织起来。愈完美的作品，其结构愈完整。必须知道构成整体的每一个部分，而这些部分之间，应该是有组织的联系。如果有一个部分不只是集合，而是复杂组合的有计划、有安排的情节，必须试着把它们找出来。世界上的情节是很有限的，故事安排的好坏，就看作者如何为相同情节的主干加上外衣。要有真正属于自己的心得，就像作者也有他自己的观点一样。

拓宽阅读的领域

美国学者、教育家莫提默·J·艾德勒在很多领域享有盛名。他在其著作《如何阅读一本书》中深刻地阐述了阅读的方法、技巧，阅读所应具备的广阔视野。这本书虽是1948年出版，但至今仍在西方世界获得普遍的好评。

该书认为："每本书的封面之下都有一套自己的骨架，作为一个分析阅读的读者，你的责任就是要找出这个骨架。一本书出现在你面前时，肌肉包着骨头，衣服包裹着肌肉，可以说是盛装而来。你用不着揭开它的外衣或是撕去它的肌肉，才能得到在柔软表皮下的那套骨架。"

阅读也有个抽丝剥茧的过程，也是一个由浅入深的渐进过程。古人提倡多读书、深读书，把书读透，即"书读百遍，其义自见"就是这个道理。

现代人往往更欠缺阅读的耐心，很少有人将一本书如饥似渴地读完。其中重要的原因之一就是，现代信息的普及，现代科技的广泛应用等，给阅读带来了更多的便捷通道，同时也给纸媒以有力的一击。但是，作为古老的印刷技术传承载体，书籍永远具有无可替代的重要作用。

人们渴望获得新知，无论教育还是自学，读书都是最为普及和最重要的学习方式。随着知识的深入，见识也越来越广博，这就使得人们的视野不断地扩大。适当地拓宽阅读的领域，对每一位读书人都是必要的过程。

爱学之人总是处处留心，时时拓宽阅读的领域，将读书贯穿一生的始终。

1904年诺贝尔化学奖获得者拉姆塞幼年时的许多行为，使成年人都感到吃惊。

他小时候经常坐在教堂里听教士讲道，大人们都不明白这位平时活泼好动的孩子，此时为什么能安静地坐着。人们总看见他在阅读《圣经》，走近一看，才发现原来人家看的不是英文版的《圣经》，而是看的法文版，有时又看德文版。

原来他是在用这种方式学习外文。拉姆塞常去教堂的另一个目的是看教堂窗子上镶嵌的几何图形，他通过那些图形验证学校里学的几何定理。

优秀的人更善于从广阔的生活空间汲取到知识。处处留心皆学问，在生活中，我们要多用心，做个有心人，善于眼观六路、耳听八方，用心观察和揣摩每一条有价值的信息。优等生还要求自己细心，因为只有做到心细如丝，才能发现别人发现不了的问题，才能敏锐地捕捉到情况的细微变化，从而得到更多的收获的教益。

科学知识与实际生活密切相关，生活中处处有学问。一个人的学习只有从生活中来，到生活中去，主动参与，自主探索，才能将所学的新知识尽快内化为自己的知识结构，才能对所学的知识形成清晰的映象，这样不知不觉中就能培养自己的创新意识和实践能力。

从日常生活中学习，这是提高学习素质的有效途径。学习无处不在，只要抓住一切时机，创设一切条件，从生活实际出发不断探索新的知识，再把探索到的新知识应用到生活中去，就能真正体会到知识源于生活、用于生活的价值和魅力，就能最终掌握知识并有效提高人生的层次和境界。

在拓宽阅读领域时你要注意：要根据自己的实际情况，有目的地选择阅读内容，原则是有利于巩固基础知识，弥补自己某方面的弱点；你可以根据自己的特长和爱好，选择一些有关学科的书籍；但你一定要从自己的实际出发，量力而行，宁可少而精，也不多而滥，切忌好高骛远、贪多求全。

如何做好碎片化阅读

随着移动互联网的普及，人类真正步入移动互联时代。无论是影音还是文字资料，几乎都能在互联网上找到。人们已经很难像小时候那样，手捧一本书安安静静地读完。

在这个节奏快速的时代，人们的时间被分割得零零碎碎，很多人只好利用闲散时间阅读，我们称之为碎片化阅读。比如，你在等车之时就可掏出手机，获取你感兴趣的内容。你可以遍览奇闻逸事，还可转发或传播。

然而，每个人的生命都是有限的。发达的网络也充斥着很多混乱的信息。对于热爱阅读的朋友，如何利用好闲散时间，做好碎片化阅读就显得十分必要。

想要做好碎片化阅读，主要把握如下几点：

1. 明确阅读目的

你想要获取哪方面的信息？你想通过这些信息得到怎样的提升？你想利用多长时间完成信息的获取过程？当你明确了自己的阅读目的，你就能充分地利用一切可以利用的闲散时间。

2. 筛选有效信息

互联网为人们带来了极大的便捷，只要简单操作便可将"天下大事"尽收眼底。但铺天盖地的信息有时也让人无所适从，不知道哪些信息来源更可靠。这就需要你练就一双"火眼金睛"，能从冗杂的海量信息里很快就辨别出信息的真伪，并做出及时的判断。

3. 抱有怀疑的态度

无论你阅读到哪个信息，首先应抱有一个怀疑的态度。这并非教唆你培养疑心，而是提醒你"不怀疑不能见真理"。尤其是对那些来历不明的网站上的信息，更需要一个"萃取"的过程。

4. 充分利用社交软件

博客、微博、微信、微信群、网络社区、QQ、QQ群……各类社交软件极大地方便了人们的沟通与交流。只要你留心，便可收集感兴趣的话题，只要点击关注，此类信息便会推送给你。这就极大地免去了你利用搜索引擎花费的时间。

5. 做好阅读"记录"

热爱阅读的人多数都有记录的习惯，但在"一部手机掌天下"的时代，记录也可以变换方式，比如添加到个人收藏、点选关注、拷贝到备忘录，等等。

6. 加强自律

人们常说"活到老，学到老"，却很少有人能做到 。有时，你本想着把关注的信息看完，却被突然弹出的"××头条"所吸引。你明明厌恶标题党，却又怀着无比的好奇点开标题。点开一个标题，又有下一个标题在吸引你……如此往复，你的碎片化阅读就这样泡汤了。因此，自律很重要。

7. 整理碎片时间

休闲,是人生不可或缺的一部分。我们可以偶尔玩游戏，偶尔刷个朋友圈……然而，正是这样的偶尔，将你本来计划好的阅读时间占据了，也将你原本想充分利用的碎片时间割裂了。所以，你需要时不时地整理一下时间的碎片，这一点十分必要。只要做自己时间的主人，你才不会被别人牵着走，你的碎片化阅读才能得以继续。

信息时代如何深阅读

何为深阅读？简言之就是将阅读向更深、更广处延伸，带我们汲取更为深邃的精神食粮。

日本著名教育家斋藤孝写了一部书，名为《深阅读》。1960年，斋藤孝出生于日本的静冈县，毕业于东京大学法学部，并在该大学研究生院教育学研究科修完博士课程，现在是明治大学文学部的一名教授。

他在书中深入浅出地阐述了深阅读的意义。既重新审问了现代人读书的意义所在，又说明阅读经典的魅力。同时，书中还讲述了持续读书的五个习惯，以及增强十倍读书力的技法。

在《深阅读》中，斋藤孝讲了很多阅读方法和技巧，虽然和其他同类书籍大同小异，也有很多值得借鉴之处。现归纳如下，便于读者阅读。

1. 要由浅入深地"吃透"难懂的书

"奥野宣之在《如何有效阅读一本书》中说：'读古典名著，或者是一些比较难懂的专业书，可以先捡软肋入手。所谓软肋，就是一些入门书或解说版还有各类书籍的图解版和漫画版、精编版、讲演录、对谈。当然前提是你读原版困难的前提下，如果你能读懂还是建议读原版。'"

斋藤孝也在《深阅读》中说："当舒适成为理所当然，不舒适的状态就会变得难以忍受。"

斋藤孝在书中推荐了很多书单，从最初的小说慢慢涉及哲学，他这样做是有其用意的。学习就是一个由浅入深、循序渐进的过程。我们可以从阅读浅显易懂的书籍开始，逐渐尝试阅读高深的书籍，这样才会取得阅读上的飞跃和进步。

2. 家中有书，心里不慌

但凡热爱读书的人都有一个共同的嗜好，就是集书。恨不得将世间好书都尽收囊中。然而，也有很多人虽然很喜欢屯书，但"书非借不能读也"，书属于自己了，就把书放在书架上束之高阁，结果是搁置很久都没看一页。

那么，如何避免这种情况发生呢？奥野宣之和斋藤孝两位作家都建议我们创造一个适合读书的环境，即让家中每个角落都有书籍的存在。试想一下，如果你能做到随处有书，随手都能拿起一本书，你还能不想读书吗？

奥野宣之在书中特别提醒读者，要把经典书籍放到你触手可及之处，出门之时也尽量随身携带。此举是让你先在潜意识里培养自己习惯这本书的存在，一旦当你想读的时候就会随时阅读了。

3. 书我合一，将书的精髓融入自身血肉

读一本书，我们最看重的是阅读后对读者产生了怎样的效果。有的人走马观花，书是读了，但书中讲的是啥，不记得。这无异于自欺欺人。斋藤孝将能否把书的内容向别人说清楚作为衡量读书效果的标准之一。

关于这一点，奥野宣之在《如何有效阅读一本书》中提倡一种特殊的读书方法——葱鲔火锅式读书笔记法。即事先摘抄书中的精华段落，再写上自己当时的感受，以备用时查阅。

但是，事实上也有很多阅读爱好者并不喜欢手写读书笔记，他们认为这种传统方法既浪费时间准备笔纸，又不方便携带和保存。其中，也有很多人借助一些读书软件和网络平台，可以边读书边画线，或者直接写上自己的想法。每当读完一本书、写完读书笔记，读者还可以和其他读者在网络上互动、交流，非常便捷。

读书的总与分、精与泛

爱因斯坦是世界上著名的物理学家，他在物理学上有着重

大贡献。著名的相对论就是他提出的。他之所以能有如此巨大贡献，这与他的独特读书法有很大关系。他不但喜欢读书，而且善于总结读书的规律。有人曾问爱因斯坦是怎样读书的，他总结出了"一总、二分、三合"的读书法，这对我们读书学习是有很大启迪和借鉴之助的。

一总：就是先浏览书的前言、后记、编后等总述性的东西，再认真地读读目录，以概括了解书中的结构、内容、要点和体系等，以便对全书有个总体印象。

二分：就是在读了目录后，先略读正文。这不需逐字读，而着重选那些大小标题画线、加点、黑体字或有特殊标记的句段来读，这些往往是每节的关键所在。你可以根据这些来选择自己所需要的内容来读。

三合：就是在翻阅、略读全书的基础上，头脑对这本书已有个具体印象，这样再回过头来仔细读一遍目录，并加以思考、综合，使其条理化、系统化，以弄清其内在的联系，达到深化、提高的目的。进一步深入领会初读时所不能领会的许多东西。人们往往在这一步上做得较差，看过书一扔了事。

泛读、速读、精读相结合的"三读法"

读书学习各人有各人的方法，不可强求一律，但应根据自己的条件吸收前人的经验，综合总结出自己切实可行的学习方法。

21世纪是信息飞速发展和快速传递的社会。面对琳琅满目的书籍报刊，人们既没时间也完全没有必要全部精读、细读，而应依据书目和实际需要区别对待，有所选择。

这里推荐一种读书方法"三读法"：

（1）浏览性的泛读。对大部分浅显易懂的书或阅读价值不高的书籍报刊，可采取浏览法，即"随便翻翻"，以大致了解其主要内容，或通过看标题、目录、内容提要、前言等，以求在有限的时间内获取更多有价值的信息。

（2）探求性的速读。有时读书是为了达到某个特定的目的或完成某项任务，如寻求某个问题的答案，专门搜集某方面的知识等，这就要求"一目十行"。快速阅读的奥秘在于让大脑跑在眼球前面，掌握快速阅读的孩子每分钟能读200多个字，未受训练的每分钟只能读八九十字。速读能求得新知识、新信息成倍成倍增长，赶上时代发展的需要。

（3）品味性的精读。对名篇名著和其他文质兼美的优秀作品，需要静心细读，体会立意构思，揣摩布局谋篇，欣赏妙词佳句，像人吃东西那样，经过细嚼慢咽，才能把书中的精华变为自己的知识营养。有的好文章要反复地读几遍，甚至熟读成诵。

以精读带动泛读

著名语言学家夏丏尊先生提倡过一种读书方法：把精读的文章或书籍作为出发点，然后向四面八方发展开来，由精读一篇文章带读许多书，有效地扩大自己的知识面。

夏丏尊先生举阅读陶渊明的《桃花源记》为例：这篇文章是晋朝人写的，如果想知道这篇文章的地位和晋朝文学的情况，就可以去翻翻中国文学史；这篇文章体现了一种乌托邦思想，而英国的莫尔写过一本叫《乌托邦》的书，又可以对照起来读；这篇文章属于记叙文一类，如果想明白记叙文的格式，就可以去翻看有关记叙文写法的书；另外，如果想知道作者陶渊明的为人，还可以去翻《晋书·陶潜传》。如此这般，可以由读一本书引出一大串来。夏丏尊先生自己就是经常这样读的。

鲁迅阅读文艺作品时曾说过："先看几种名家的选本，从中觉得谁的作品自己最爱看，然后再看这个作家的专集，最后再从文艺史上看看他的历史位置。倘若要知道得更详细，就看一本这个人的传记，那便可以大略了解了。"这种读书法把泛读和精读相结合，既有横断面，又有纵剖面。

鲸吞牛嚼读书法

秦牧读书坚持博采众长的准则。他曾于《在探索学问的道路上》一文中将自己的读书方法总结为鲸吞与牛嚼："只需知道一个梗概的书报可以泛读"，但要面广，犹如大鲸吸水；"要求彻底弄明白的和记住细节的书报，必须精读"，就像老牛吃草，慢慢咀嚼，细细品味。这就是后来被人们称之的"鲸吞牛嚼读书法"。

当代著名作家秦牧，每天都要阅读大量的书报杂志，广博地积累知识。结果，他写出的作品宛如由知识的珠宝串成，闪耀着独特的光彩。秦牧在谈到读书时，主张采取牛和鲸的吃法，即"牛嚼"与"鲸吞"。

什么叫"牛嚼"呢？他说："老牛白日吃草之后，到深夜十一二点，还动着嘴巴，把白天吞咽下去的东西再次'反刍'，嚼烂嚼细。我们对需要精读的东西，也应该这样反复多次，嚼得极细再吞下。有的书，刚开始先大体吞下去，然后分段细细研读体味。这样，再难消化的东西也容易消化了。"这就是"牛嚼"式的精读。

那什么叫"鲸吞"呢？他说，鲸类中的庞然大物——须鲸，游动时俨然一座能漂浮的小岛。但它却是以海里的小鱼小虾为主食的。这些小玩意儿怎么填满它的巨胃呢？原来，须鲸游起来一直张着大口，小鱼小虾随着海水流入它的口中，它把嘴巴一合，海水就从齿缝中哗哗漏掉，而大量的小鱼小虾被筛留下来。如此一大口一大口地吃，整吨整吨的小鱼小虾就进入鲸的胃袋了。人们泛读也应该学习鲸的吃法，一个想要学点知识的人，如果只有精读，没有泛读，每天不能"吞食"它几万字的话，知识是很难丰富起来的。单靠精致的点心和维生素丸来养生，是肯定健壮不起来的。

"牛嚼"与"鲸吞"，二者不可偏废。既要"鲸吞"，要大量地广泛地阅读各种书籍，又要对其中少量经典著作反复钻研，细细品味。如此这般，精读和泛读就能有机地结合起来了。

鲸吞与牛嚼，本是动物的不同进食方法，却被作家秦牧巧用来形象地比喻读书方法——泛读与精读，实在有趣，令人记忆犹新。

读书的"博"与"破"

唐代大诗人杜甫诗云:"读书破万卷,下笔如有神。"对此,一般人往往简单地理解为读的书越多越好,其实不完全是这个意思。

清代的仇光鳌在《杜诗详注》一书中,对杜甫的这句诗曾作过如下解释:一曰"胸罗万卷,故左右逢源而下笔有神";二曰"书破,犹韦编三绝之意,盖熟读则卷易破也";三曰"识破万卷之理"。

这三说,集中反映了对"破"字的不同理解,概括起来就是,要突破、磨破、识破。

清代诗人袁枚曾说过:"读书如吃饭,善食者长精神,不善食者生痰瘤。"

人都需要吃饭,但吃些什么,怎么个吃法,却是大有讲究的。同样道理,人都要读书,但是读什么书,怎么读书,也值得认真思考。

读破一本书，受益一辈子

书籍浩如烟海，而人的生命毕竟有限，即使你从生到死手不释卷，又能读多少本书呢？

有人曾把书分为四类：一是既有用又有趣的书；二是有用但无趣的书；三是有趣但无用的书；四是既无趣也无用的书。当然，"有用"和"有趣"是相对而言的，对不同的人来说有不同的标准。但一般来说，对有趣的书，可适当读一些，但如果有趣却无用，则可读得快些，甚至一目十行也可以；但对有用的书，即使无趣，也要反反复复地读，细嚼慢咽地读，不妨先读破一本，将其印在脑子里。

著名学者王冶秋对"读破一本"也深有体会。他在谈到自己读鲁迅的《阿Q正传》时，认为要读懂《阿Q正传》，至少要读14遍，否则消化不了。他说："读第一遍，我们会笑得肚子疼；第二遍，才咂出一点并不可笑的成分……第十四遍，也许是报警器……"

范文澜说过，他做学问就是从专攻刘勰的《文心雕龙》一书入手的。他通过读这部南北朝时文艺理论的名著，不仅系统地掌握了古汉语，而且对于中国古代历史、古代文艺理论、魏晋之前的中国文学史以及天文地理等方面都有所收获。

"博览群书，读破一本"

读书的目的主要在于学习，所以一定要掌握好"博览群书"和"读破一本"的关系。"博览群书"在于从中选取真正有价值的书；"读破一本"则是把选取的好书经过咀嚼、理解、思索、消化等，把别人的知识变成自己的知识，变成自己的创造力。

世界著名物理学家杨振宁在西南联大读书时，曾把数学家耿克逊的《近代代数理论》一书中仅20页的一篇文章读了半个多月，从中获益匪浅。

著名作家贾平凹在《读书示小妹生日书》中谈道：

"读书首先不能狭窄，哲学、历史、美学、天文、地理……凡能找到的书都要读一读。但是又切切不要忘了精读，真正掌握本事，全在于精读。第一遍可囫囵吞枣，这叫享受；第二遍是静心坐下来读，这叫吟味；第三遍要一句一句想着读，这叫深究。三遍读过，放上几天，再去读读，常会有再新再悟的地方……"

古训说："读书破万卷，下笔如有神。"要做到这一点很难。一个人即使从生到死手不释卷，所读书籍也很有限。何况别人的书你读得再多，如果不在理解的基础上消化吸收，就永远不能成为自己的知识。因此我很欣赏一句话那就是"博览群书，读破一本"。如果你真的愿意读书的话，我认为你要做的第一件事是，认真读一本难书。

首先，我要说说"认真"二字。

如果我们确想提高自己的智能，确想理解一个重要的思想，确想获得某一方面的知识或理论的基础，甚至确想获得乐趣——我指的是真正的沁人心智的读书之乐，而不是一时的浅薄的俗趣，那么我们只有认真读书。因为无论是重要的思想或是知识和理论基础，都存在于重要作家写出的重要作品里。这就是说，他们都经过一个反复认真的思考、想象和写作的过程，或者经过一个将天才变为文字的神奇转换，面对着这样一部凝聚着作者人生经验、心灵感受或者是高超的智力求索的作品，我们只有认真阅读，才能有所领悟，有所收获。也只有经过一个认真的心智活动过程，我们的智能才能有所提高，才能获得持久的快乐。

为什么要特别提出"一本"书呢？

我们应该先认真读"一本"书。把别人说得如何如何好的那些书放到一边去吧，连同那些广告和评价文字也放到一边去吧，开动自己的脑筋，认真地思考一下，选出一本基本的、重要的书，认认真真地，一字一句地，从头到尾地，读上一遍、两遍甚至多遍，从语言到情节，从论据到论点，从思想到文采，从思维方式到行文风格，等等，彻底弄个清楚明白。你读得越认真，啃得越透彻，你越能接近作者的整个精神世界。

"读精"，就是对"读破一本"的集中概括。"精"即经典，经典虽说不上一字抵一万字，但它的思想内涵和知识含量是非经典所不能比拟的。经典尽管阅读量不大，但读后根基扎实，学识精纯，给人的印象反而是读书很多。

经典作品可以反复读，具有再生价值，乃至受用终生。因此，"读精"必然会带来读书方法上的"精读"，"读精"和"精读"二者总是相辅相成的，孔子说的"学而时习之"和"温故而知新"，是"精读"的"十字真言"。

怎样才能"读书破一卷"？这就要求我们开动脑筋，认真思考，从中筛选出真正的有价值的书反复阅读。从语言到情节，从论据到论点，从思想到文采，从思维方式到行文风格……唯有这样，才能把书中的知识转化为活生生的创造力，变别人的知识为自己的知识。

可是，为什么这本书应该是一本"难书"呢？

每逢学习新的事物，一般人都喜欢从入门书开始。然而，这是否是很正确的做法呢？实在叫人感到怀疑。

一般说来，所谓的入门书，是为了使初学者容易了解起见，内容都经过精选，而且又整理成简洁的叙述方式。

就是因为"入门书"被整理成简洁的文件，只列出一般的要点，且解说往往不够充分，因此显得枯燥乏味，同时，又比较难以理解。如此一来，对于满腔热血想学习新事物的人而言，无疑是当头泼他一盆冷水，方才萌出不久的学习欲望，立刻又烟消云散。

尤其是碰到看不懂的专门用语以及学说以后，才萌出的兴趣炎焰，往往被泼灭。这样，与其阅读所谓的"入门书"，不如阅读以这个问题为重点的小说，或者有关某人在这方面的传记，如此这般，扩充你兴趣的范围，效果将更为良好。

因为，当一个人开始学习某种东西时，"咦？""为什么？"等对未知的兴趣，将成为一股很巨大的力量。使兴趣扩大以后，再以更富于体系的方式，从有关的书籍上涉猎相关知识的话，你所获得的知识将远超过"入门书"的知识。

你如果真从书中得到快乐，真想使自己有所提高，真想获得重要的发现，那么你读的这本书肯定不是一本你一开始就能轻松读懂的书。这本书总得有相当的难度。作者的思想和观点、故事和语言、思维方式和行文风格，一般是你原来所不熟悉的。你只有认真阅读，才能超越过去的自我，对自己原来陌生的东西熟悉起夹，这就是提高。

读难书的突破口，就是要找准关键字。所谓的"关键字"是在一本书里面，以比较高的频率被使用的重要用语，也是它出现的部分，必须作为重点阅读。如果一开始就打上记号的话，再次阅读时的效率就会变得更好。汉语成语往往会变成所谓的关键字。日本的语文呈合式，它使用汉字，日本的片假名、平假名，阅读起来效果很不错。这是成为文章的关键，即重要的概念都以汉字表现的缘故。阅读的人只要用眼睛盯着汉字看，即可理解内容的七成。因此，所谓的"关键字"，只要从"汉语成语"中挑出就可以了。另外，必须注意专业术语。这些用语也往往使用汉字，到了最近，也有人使用片假名表示出来。尤其是在理工、经济方面，几乎全部使用外来语。汉语成语加上专业术语，只要从中找出关键字，就算是艰涩的专业书籍，也可以在很有效率的阅读下融会贯通。

"认真读一本难书"这是多么不容易的事！有了这个经验，你就可以精读一些重要作品了；有了这个习惯，你的读书生活就开出了一个新的境界。有了毅力，有了信心，再加上不断改进的方法和不断丰富的经验，这个世界上还有什么事是做不到的呢？

贾平凹上面的文字，可以说道尽了"博览群书，读破一本"的精髓。由这些文字我们也可以更进一步理解贾平凹，这名从陕南小山村走出来的著名作家，之所以能够取得令无数人倾倒的文学成就，与他善于读书的勤奋精神是分不开的。

朗诵阅读好处多

读书爱好者众，但读书习惯却各有不同。有的人主张默读，有的人主张诵读，比如朱自清。

朱自清是现代著名的散文家、诗人、文学研究家。他的散文文笔缜密细致，娓娓动人；他的新诗纯正清新，直抒胸臆。其散文代表作为《背影》《荷塘月色》和《桨声灯影里的秦淮河》，这些脍炙人口的名篇，形成了简明委婉而又绮丽清新的独特风格，誉满文坛。

他自幼从父母那里接受启蒙教育，喜欢吟诵唐宋名家诗词，从小打下良好的古典文学基础。朱自清曾在中学、大学长期从事国文教学，对学生读书方法的缺陷感受很深，因而十分重视读书方法的研究，重视指导学生阅读。

朱自清关于读书的理论和方法的论述颇丰。他不仅重视读书的数量和质量，更注重读书方法，在读书方法上极力主张通读的方法，强调"读"的功夫。在《论朗读》一文中，他推崇清人姚鼐"放声疾读，久之自悟"和曾国藩"非高声朗读则不能得其雄伟大概，非密咏恬吟则不能探其深远之趣"的观点。读古文如此，读白话文也是。他认为，读书当然是为了理解，"读"字本作抽出意义解，"包含着了解的程度及欣赏的程度"。因此，必须注重读，"因为思想也就存在语汇、字句、篇章、声调里"。他指出："熟读的工夫是不可少的。吟诵与了解极有关系，是欣赏必经的步骤。吟诵时对于写在纸上死的语言可以从声音里得其意味，变成活的语气。"

朱自清把诵读作为理解与欣赏原著的重要方法，主张不仅阅读诗词等文学作品需要吟诵，而且对经典著作也需要反复熟读。他在《论百读不厌》一文中指出："经典给人知识，教给人怎样做人，其中有许多语言的、历史的、修养的课题，有许多注解，此外还有许多相关的考证，读上百遍，也未必能够处处贯通，教人多读是有道理的。"

朱自清一生刻苦读书，勤奋写作，留下著述近30种，200余万字，主要有诗文集《踪迹》，散文集《背影》《欧游杂记》，文艺论集《诗言志辨》和《朱自清古典文学论文集》等。

朗读是培养语感能力的有效手段

朗读，在我国古代就备受重视。"读书百遍，其义自见"；"熟读唐诗三百首，不会作诗也会吟"，充分说明了朗读的重要性。

叶圣陶先生曾说过："原来国文和英文一样，是语文学科，不该只用心与眼来学习；须在心与眼之外，加用口与耳才好。"由此可见，朗读无疑是提高学生语文水平的有效手段。遗憾的是，由于应试教育的影响，朗读这一语文教学最基本的训练方式，却常被一些事倍功半的讲解所取代，致使目前学生的朗读不尽人意：或如庐山瀑布，飞流直下；或如拉锯背纤，磨蹭疙瘩。这种清淡而酸涩的朗读是断然达不到朗读之功效的。

语感能力是语文能力的核心，语感训练是语文教学研究中一个历久而弥新的课题。吕叔湘先生指出："语文教学的首要任务是培养学生各方面的语感能力。"语文教学必须重视对学生语感的培养。如何使学生具有敏锐的语言感受力，随着语文教学研究的不断深入，这个问题越来越受到语文教学界的重视。本文想就对语感的认识和培养问题，谈一点看法。

通过朗读、揣摩，来培养学生的语感。用美学老人朱光潜的话说就是："把数量不多的好诗文熟读成诵，反复吟咏，仔细揣摩，不但要弄懂每字每句的确切意义，还要推敲出全篇的气势脉络和声音节奏，使它沉浸到自己的心胸和筋肉里，等到自己动笔时，于无意中支配自己的思路和气势。"朱老先生这段精辟的描述，便是朗读、揣摩的实质。

朗读有益身心健康

朗读还有很多其他的好处，健康学家们认为：朗诵有如歌唱，有增强肺功能之效；朗诵注重集体配合，因而活跃了社交生活，对心理健康自然有益处；朗诵可帮助朗诵者，特别是老年人回忆美好时光，带来的精神愉悦，不言而喻；朗诵还是一种"思维体操"，有助于帮助老人减缓记忆衰退，甚至预防老年痴呆症的发生。

最新医学证明，人在大声朗读时，副交感神经会加强工作，大脑得到放松，心情也就爽快了。朗读可以降低血压。据专家测定，朗读20分钟可以使全身增加10%的热量消耗，持之以恒可得到减肥功效。高血压病人在朗读时血压还会降低。

朗读有益健康还在于腹式呼吸使身体发生一系列有益变化。朗读会引起胸腹之间的横膈肌上下大幅运动，从而促使肺吐纳更多的空气，这就是腹式呼吸。而平时人们多采用胸式呼吸，这是一种浅表的呼吸方式，横膈肌运动幅度很小，难免有空气残留肺中不能充分排出。朗读时，尤其是遇到长句子，肺会彻底排空，转入下一次吸气动作时就可以吸入更多的新鲜空气。横膈肌动作加大还会向大脑传递放松的信号。接收到这一信号以后，大脑会向肌肉、血管发出缓解紧张的指令，导致血压下降。

朗读可改善腰酸背痛，同时，胃肠的血液循环也会更加流畅，排解掉腹腔的寒气。随着朗读声音的加大，身体的姿势也自然越来越端正，因为既不挺胸，又不收腹，是无法放开音量的。同样道理，平时有肩酸腰痛毛病的人，通过深呼吸带动背部肌肉可以改善不适症状。朗读长句子最有益处。

腹式呼吸时应稍稍束紧腰部，松紧程度以能顺畅发声为宜。朗读篇目的选择没有一定规范，但文章中一定要有较多的长句，比如抒情散文、叙事诗等，以利于更多地动员腹式呼吸。平淡无奇的朗读竟然有如此功效，一股朗读潮流现在正风靡日本列岛，有关朗读的民间组织也如雨后春笋般地增多起来。人在朗读时，70%以上的神经细胞参与大脑活动，超过默读和识字，相当于大脑的"热身体操"。如果长期坚持，反复练习朗读，能强化学生的记忆和提高学生注意力，进入兴奋的学习状态，增强学习效果。

健康学家们认为：朗诵犹如"健身体操"，可使大脑皮层的抑制和兴奋过程达到相对平衡，血流量及神经功能的调节处于良好状态；朗诵有如唱歌，能增加肺活量，使全身通畅，有怡情养性的独特作用；朗诵还是一种"思维体操"，特别有助于缓解人们"向上思想"的精神压力，锻炼大脑的记忆力和表达力。当然，朗诵还能增进人们之间的友谊，这么多好处，何乐而不为？

5 如何深入阅读：
读书必备十法

任何时候我也不会满足，越是多读书，就越是深刻地感到不满足，越感到自己知识贫乏。

——马克思

模型读书法

所谓模型读书法要求读书前就预构读书的结构模型，即预先设想一下该书将说些什么，将以什么方式说。然后带着这个模型在书的"现实"中寻求验证、修正或重构，主动而有意识地朝书的结构前进。这自然也出现了一个问题，还没读书，怎么能预构出书的结构模型呢？换句话说，这个原始模型是怎么得来的？

建立原始模型

原始模型的质量如何，对即将进行的阅读顺利与否影响重大。原始模型的建立并不是凭空的、随意的，而是可以根据一些非正式信息（即正文以外的信息）来建立的。这种可供利用的非正式信息是很多的，可以粗略地归为关于著作和关于作者的。书的序、跋，乃至书名、目录都给我们提供了关于书的重要信息。还有别的渠道获得的书评、介绍。如读一部文学名著，先读读文学史的有关部分就可以获得这部书的大致轮廓。作者的生活时代、思想观点、风格特征也是极有价值的信息。

有了这些非正式信息，我们就可以预构书的结构模型了。当然，我们可以利用非正式信息预构出各种具有可能性的结构模型，也就是说，原始模型可以是单一的，也可以是多元的。这种仅利用非正式信息建立的原始模型，也许是极粗糙、极模糊、极不稳定的，但总比没有强，它毕竟为下一步阅读提供了一个大致的去向。

阅读—校验模型

原始模型建立后，就进入阅读，即进入用原著的"现实"来校验模型的过程。校验的过程就是由模型向结构逐渐演进的过程。模型向结构演进的路径有单向的，有多向的。在阅读过程中，或者原始模型不断修正，或者一个模型取代另一个模型，总之，整个过程始终保持单一模型，这是一种单向的演进路径。还有一种是多向的演进路径，就是在阅读过程中出现多个模型并存的局面。阅读中，时常碰到需要假定多个结构模型，以便筛选、比较，这时就出现多向路径。采用单向还是多向，要看具体情况而定。

模型读书法的优越性

模型读书法比传统读书法，有两点显著的长处，首先表现在便于集中注意力，而阅读过程中注意力的集中是理解的先决条件。教育心理学实验证明，带着问题阅读，注意力更易集中。

模型读书法还有一个传统读书法所不具有的长处，就是它的全面性。模型，实际上就是结构的模拟。在阅读的初期阶段，模型是模糊的，还是整体的，这是模型本身的要求。用模型读书法读书，阅读是围绕模型的演进而进行的，这样，读者就能保持思维的全面性，有利于对原著作全面整体的把握，而不至于肢解原著。

模型读书法对读者的要求

模型读书法有比传统读书法优越之处，也对读者提出了更高的要求，要求读者要具备以下思维：

（1）开放型思维

要求读者知识面广，对新鲜事物保持浓厚兴趣，具有足够数量的信息储备，以便在构造模型时左右逢源。否则，就难免随心所欲，使模型无效，甚至产生相反效果，既不能帮助读者揭露原著结构，还会使读者越来越背离它。

（2）批判型思维

保证模型向结构正确演进要靠批判型思维。要求读者毫不吝惜不合适的模型，根据原著的客观实际，不断修正和重建新的模型。否则，固执先入之见，就有可能歪曲原著，始终不能达到与客观结构统一。

（3）反省型思维

即要求读者读懂一本书后，要经常反省自己的思维过程：被抛弃的模型之所以错误的原因是什么？正确的模型又是如何建立的？久而久之，养成了反省的良好习惯，就可以熟能生巧，有效地运用模型读书法，其受益是很多的。

区别对待读书法

区别对待法是根据需求，区别对待，提高阅读能力的学习方法。

由于书刊文献的类型、性质、内容、写法等不同，读者的需求状况不一，因此不可能用等量齐观、一种方法的统一的模式去阅读，只能是根据具体情况区别对待。对经典著作、学科代表著作、教科书等书籍要逐章逐节认真地精读细看；而工具书、资料书只是当工作需要时才进行翻阅和查找。从读者的需要来说，读书的宽窄深浅存在着很大的差异性，各种人对各类书刊的读书目的、要求、深度、广度等都各有差异。

因此，我们读书之前应谨记"绝不滥读"的原则，不滥读有方法可循，就是不论何时凡为大多数读者所欢迎的书，切勿贸然拿来读。例如正享盛名，或者在一年中发行了数版的书籍，不管它属于政治或宗教性，还是小说或诗歌。要知道，凡是比较通俗的作品是常常会受大众欢迎的。不如把宝贵的时间专读伟人的已有定评的名著，只有这些书才是开卷有益的。这就要求我们对图书进行分类，加以区别对待。

作家伍尔芙夫人读书有两个步骤

英国作家伍尔芙夫人，她读书有两个步骤：

第一步是尽量敞开胸怀，来容纳作者给自己带来的无数印象；第二步是比较与判断。第二步比第一步复杂得多、困难得多，必须经过广泛的阅读，有充分的理解力和很好的记忆力，才有可能进行生动有力的比较。

更难的是对作品做出确切的评价，指出它的失败与成功，哪一部分是它的优点，哪一部分是它的缺陷。对这两个步骤，伍尔芙夫人形象地比喻为当"朋友"与当"法官"。当"朋友"是为了解书的内容，获得印象。但这仅仅完成了阅读过程的一半，就此止步是不行的。要想从阅读中得到充分的收获，还必须做进一步思考和判断。初步的印象有时并不可靠。当人们拿一本书与别的书比较时，意味着态度已经有了变化，从前是作者的朋友，现在则想当一名法官。我们同样也不能太严厉。但有些读物是例外，对那些伪书、劣书、坏书，对它们的审判必须严厉。在评价一本书时，最好把它与同类著作中的最佳作品做比较，不仅能使之优劣分明，还能使那些优秀作品相得益彰，给我们留下更深的印象。

她的读书方法，实际上就是一种区别对待的方法：把好书当朋友，把坏书当敌人。

大仲马集中精力读精选书籍

法国著名作家大仲马有一套精选读书法。他在《基督山伯爵》一书中，塑造了一个博学多识的人物——法利亚长老，并通过长老之口谈了这样的读书方法："在我罗马的书房里，我有将近五千本书，但把它们读了许多遍以后，我发觉，一个人只要有150本精选过的书，对人类的一切知识都可齐备了，至少是够用或应该所知道的都知道了。我把生命中3年时间用来致力于研究这150本书，直到我把它们完全记在心里才罢手。"在这里，他认为这150本书就能囊括"人类的一切知识"，显然不够科学。但是，大仲马注重"读精选过的好书"，却是值得借鉴的。

诗人纪宇谈读书

诗人纪宇在谈到读书时认为："读书无禁区，思考要独立，博览最必要，精读大有益。"他主要是写诗，读的诗比较多，但也读一切感兴趣的书，不偏食，不忌口，而且在某些时期主要读诗之外的书，爱读美学、艺术理论、杂著、笔记之类的书，尤其爱读其中的人物传记。作为文学青年，多读文学书籍是不必多说的，但也要读一点美学，懂一点艺术理论，这是很重要的、必不可少的艺术修养。不学点美学，怎样在生活中感受美、发掘美、歌唱美呢？真正的文学家从来都会融会贯通的，虽然不能说十八般武艺样样精通，也绝不能像李逵那样，除了两柄斧头就是俩拳头。

他重点提到，书太多了，全读不可能。他读书会对书进行不同的区分，主要有三种情况：

（1）粗读书：浏览，知道书名、著者、主要内容就可以了。用时可以查，能找到就行；

（2）细读书：动笔墨，圈画，抄重点；

（3）常读书：爱不释手，几乎有空就看，而且反复思考；每天睡前看一会儿书，外出时也随身带着书，细嚼慢咽。

世界上的书质量不尽相同，我们应当挑最好的书来读，不要把精力耗费在二三流的书籍里。

先读序文读书法

序文是指写在一本书正文前面的文字，主要介绍该书的读者对象、主要内容及作者写书的缘由、意图、经过、体例等内容的文字。有的序文还要介绍作者情况、有关背景材料以及对该书的评论分析等。

读序的好处有很多：

（1）明了对象，利于选书。先读序文弄清读者对象，不至于耗费很大精力去读与自己不适合的书。

（2）了解背景，便于入门。

（3）知其人更知其书。

（4）得向导，不迷路。

（5）抓要点，理解深。

序文中一般都能指出该书的要点，使读者更准确、更深刻地理解作品的思想内容。

成功人士都是阅读控

先读序文法实际上是一种探测性阅读。探测性阅读是一种有效的阅读方法，通常指为了搜寻某种资料或确定读物是否具有阅读价值的阅读。这是具有独立学习习惯的人经常进行的一种阅读方法。

这种阅读有三种不同情况：

（1）为了掌握一本书的总观点，要经过以下一些步骤：

①注意书的标题和副标题，作者和出版者；

②阅读导言和序言；

③浏览目录，检验参考书目；

④阅读出版者有关的话或关于作者的说明；

⑤选择一两个包含主要论题的中心章节，阅读它开始的一两段和结束段。

在迅速阅读完后，就可以确定这本书是否包含了探测者所需要的资料，是否需要进一步深入或全面阅读了。

（2）为了掌握一个章节或文章出现在哪一类书籍或报刊上，知道所读部分与其他部分的关系，寻找出概括介绍文章的段落和句子。

（3）为了寻找某种特殊的资料，就要学会浏览。浏览时，要把寻找的问题牢记在心间，尽快地移动眼睛，扫视阅读材料，并且运用标题、提示等帮助搜寻所需资料。

运用这种方法，能够帮助我们尽快地分辨一本书的好坏，尽快地掌握大意，有效地提高阅读的效率。

舞文弄墨读书法

有人说，不动笔墨不读书。世人之所以知道达·芬奇，是因为他画出流传千古的《蒙娜丽莎的微笑》。

不过，达·芬奇不只是一位杰出的艺术家，他的兴趣相当广泛，解剖学、物理学、植物学、地质学、哲学、文学等，他均有涉猎。

他的思考广博精深，而且习惯随手记下心灵上的吉光片羽。在他67年的生命里，竟写下多达13000多页的笔记；现存7000多页中的18页，在1994年11月，已由美国首富比尔·盖茨以3080万美元的高价买下收藏。

达·芬奇之所以能集艺术家、发明家、科学家、哲学家等身份于一身，就是源于他一点一滴地累积自己的思考。"千里之行，始于足下"，现在就向大师学习，随时记下你的心灵点滴吧!

抄录读书法

明代有一位文学家宋濂，青年时期就酷爱读书。可是，由于家里贫穷，他常常到有书的人家借书读，有时还要把它抄下来，再按约定的时间送回去。

有一年冬天，刺骨的寒风夹着鹅毛般的雪片纷纷扬扬地落下来。宁濂照常坐在书桌前抄书，这部书按约定今天该送还回去。他暗暗下了决心，"天冷也得抄完"。手冻僵了，就送到嘴上呵热气暖一暖；砚台里的墨结冰了，就用笔轻轻挑开……功夫不负有心人，就这样一字一字、一页一页地抄，直到快点灯的时候，才把书抄好。抄完以后，他又赶紧把书包好，顶风冒雪，如期还给别人。

寒来暑往，宋濂抄了很多书，也读了很多书，后来成为明代有名的文学家。

左思是我国西晋著名文学家，著有《三都赋》《咏史》等。抄录读书法是在读书时运用抄写的方法来启迪思维，提高读写能力。左思抄录法的步骤是诵读—抄写—记忆。贯穿全过程的是"思"，读中思，写中思，记中思。

左思出身寒微，小时候跟人学书法、弹琴、读书，但学习成绩不好。他父亲很泄气，认为这孩子没有出息。有一次他父亲对朋友说："这孩子的智力才能太差了，还赶不上我呢！"左思在一旁听了很不服气，从此发奋读书学习，决心追回失去的时光。经过几年后，他开始着手撰写《三都赋》。他把读书、抄录、写作结合起来，发奋攻读，勤于动笔，抄录了无数书文警句。他在室内的门上、墙上，以及厕所里都挂满了纸、毛笔，随读随记。他还把随时看到或想到的思想、语句也随时记下。经过10年构思、琢磨及反复修改，左思终于完成了《三都赋》。

消息很快传开，一时轰动了洛阳，大家竞相传抄，因为用纸太多，洛阳纸张都涨价了，流传下了"洛阳纸贵"的佳话。

在我国古代，抄书一直就是文人学子学习文化知识的一个必经之路，这也是历代文人的一个优良传统。古人以抄书而事业成功的例子是很多的，这些人中有的是因为家贫买不起书，不得不借阅抄录；有的是因为经济困难，以替人抄书作为谋生的手段；有的则是为了让稀少的珍本秘籍流传后世，而对其进行抄录副本，以存真迹。而这些抄书的人却有不少最后成了名留青史的文学家、藏书家、政治家、思想家等，正所谓"塞翁失马，焉知非福"。

　　大家所熟知的投笔吏，这个典故就是一个关于抄书而流传下来的很有名的历史故事。据《后汉书·班超传》中写道："班超，为人有大志，不修细节。然内孝谨，居家常执勤苦，不耻劳辱。有口辩，而涉猎书传。永平五年。兄固被召诣校书郎，超与母随至洛阳。家贫，常为官佣书以供养。久劳苦，尝辍业投笔叹曰：'大丈夫无它志略，犹当效傅介子、张骞立功异域，以取封侯，安能久事笔研间乎？'左右皆笑之。超曰：'小子安知壮士志哉！'后来，班超弃笔从军，终以大功封定远侯。这里的佣书即是抄书，抄书的过程虽然辛苦，却是一个循序渐进的学习阶段，等到后来胸中有了韬略而远征顽敌胜利，抄书不正是很有必要的基础吗？

　　前人的治学经验告诉我们，抄书至少有两大好处：一是加深印象，巩固记忆效果；二是积累了资料，为日后进一步研究做了准备。但是对抄录的书籍、资料的内容要多思考、多揣摩，力求悟出一点新道道。如果不思考，只是做个"抄书公"，对读书也不会有多少好处，仍然学不到真正的知识。

勤做读书札记

　　读书札记也称读书随笔、随感。它是把读书过程中的收获、感想或者对读物内容的意见、见解、补充、评价和质疑等随手记录下来的一种笔记形式。读书札记法，顾名思义，就是指读书的同时做摘录、记笔记的学习方法。

　　古今中外许多学者均得益于此种方法，许多古代名人都有"不动笔墨不看书"的好习惯。札记不限于所读的书，可以把联想到的所闻即录，所见即记，有感即发，不拘形式，也是一种片断性练笔方法。札记要选准目标，定向积累，最好结合自己的主攻方向，养成习惯，持之以恒。"一日一根线，十年织成缎。"札记要经常翻阅复习，"温故而知新"，还要善于运用、举一反三，有所创新。在讲解这种方法之前，我们先说说读书札记的相关知识。

　　读书札记是读书笔记中最灵活的一种。它是在读完一本书或者是一篇文章后，把书中、文中的相关材料摘抄下来，以表明自己读书后的心得、体会或者是感想、质疑。之所以称读书札记最灵活，是因为它既可以对全书的内容发表感想，又可以考证或注释名篇佳句。因此读书札记与读书摘要有着明显区别——它能鲜明地反映出作者的观点和认识，同时又将自己摘引的材料保存于札记中。

　　读书札记不仅内容灵活，而且形式多样。读书札记可多可少，有话则长，无话则短。读书札记虽然没有固定格式，但其类型大致可分为两种：一类是治学札记。一般是作者在治学过程中对某些小问题的新的发现和认知，一般不涉及学术研究中的重大课题；作者的见解可以用论断方式来表述，也可以用假设、推想、质疑等方式启发读者自己去探究问题的结论。写这样的札记，切口要小，使读者容易抓住问题；材料要新，使读者产生阅读兴趣；语言要平实自然，使读者感到亲切。另一类是读书札记。它一般不涉及学术性问题，而只是谈论古今世事、社会沧桑、思想道德修养等，目的在于用具体的事理启发读者，使读者能明辨是非，知所行止。

深钻细研读书法

将要研究的课题认真钻研，通读有关书籍，读通、读精、反复钻研、认真地思考、深入掌握直到融会贯通，运用自如。这在阅读方法中可称之为"精读"。这种阅读法不同于普通阅读，更不是浏览、泛读。

需要注意的是：

第一，精读要定一个明确的方向，把自己主攻专业的著作及有关基础课程，有选择性地进行精读。十目一行，精雕细刻。

第二，随研究的重点课题要制订科学的读书计划。基础在先，精深随后。不能本末倒置，更不能见什么就研究什么。精读就是要在一个较窄的专业领域里，集中精力，精深研究，深钻细读，仔细体味，深入掌握其精义，即是精读用心的收获。

穿山甲打洞式读书

杜维明是一位闻名美国的汉学家，从1967年起就在美国的一些大学教授中国思想史、哲学史。杜先生学问渊博，不仅有自己的读书观，而且有独特的读书方式。在一次采访中记者问道："杜先生，你采用什么样的读书方式？"

他回答说："英国学者柏林说过，做学问有两种方法：一种是狐狸打洞式，接触面广；另一种是穿山甲打洞式，钻得深。这也可以用来说明读书的方式，而我采用的是穿山甲方式。"

作为一名研究理学的专家，杜维明的读书单上主要是四书五经、程朱理学。对于这些典籍，他系统地读、反复地读，手不释卷地百读不厌。就以"四书"而言，他每年都要重温一遍。他读这些书，不是一读了之，而是一头钻了进去，同时进行潜心思考，每读必有所得。这大概就是他所说的"穿山甲的读书方式"吧。杜先生认为，如果每次重读书，没有新的收获，就等于没有读。"涉深水得蛟龙"，他从书中领悟了更深的哲理。正是这种谦逊好学的态度，孜孜不倦的精神，正是这种"穿山甲的读书方式"给他的学术研究带来累累硕果。

说了这么多的例子，那我们到底应该怎么读呢？以文学为例，名著是一种值得仔细阅读的图书。斯蒂夫·艾伦教给我们的方法，值得我们好好揣摩。

斯蒂夫·艾伦谈怎样欣赏名著

在学校里，我们学会人类所完成的一项最了不起的也是最困难的技术——怎样阅读。

我们每个人都遇到过这样的事：读老师指定的书。老师指定读《白鲸》，我不喜欢它，我没有读，我以为我赢了。

可实际上，我输了。我失去了阅读名著本应得到的有益的东西。后来，我还是读了它，渐渐喜欢起《白鲸》来，而且每读一遍，我都发现一种新的乐趣。

什么是名著呢？名著就是这样的书——哪怕只是一瞬间，它都会使人从中感受到一部分生活的意义。名著是能够经受住时间考验的书，是世界上亿万读者多少年来为从中得到特别启迪而阅读的书。

不是很多书都能经受住这种考验的。算一下自从人类第一次用凿子打制石器以来出版的所有著作，名著只占有其中极微小的部分——还不到总数的千分之一。只不过有几千部罢了。在这些书中，它牢固的核心则不足一百部。

为什么我们应该阅读名著，并且要学会欣赏它们呢？我提出三条充足的理由：

（1）名著开阔人的眼界。

（2）名著资助人成长。

（3）名著帮助人了解生活，认识自己。

最后一点是非常重要的。名著可以使人洞察自己的内心世界，这是从别处得不到的。可以肯定，人们几乎能够从许多书中得到乐趣；但是，一部名著，一旦读进去了，它会把人带到更高的境界。

我常听到人们说："名著太难懂了，我啃不进去。"

让我出些主意帮助人找到这个奇妙的世界。拿一本你常说要读的名著，然后按照下面的建议去读。

（1）知道自己正在读什么

这是一部小说、剧本，还是传记或历史？要想知道这一点，查一查目录，读一读封面和前言，或者在《读者百科全书》中查一查题目或作者。

（2）不要躺在床上读

我承认读名著会是很难的，所以必须思想活跃，器官敏锐。如果躺在床上读，就想睡觉，那么当开始打瞌睡的时候，就会埋怨那本书。

（3）不要被众多的人物所左右

陀思妥耶夫斯基在他的《卡尔马卓夫兄弟》一书中抛出了50多个主要人物，托尔斯泰在《战争与和平》的第一章中用了22个又长又复杂的名字，使人脑袋发涨。这时，不要急着往前翻，坚持看下去，渐渐地，这些人物就会变得清晰。就会觉得和他们在一起，就像和自己的老朋友在一起一样。每个人记得自己的许多朋友，在结识前也是陌生人。

（4）给作者一个机会

不要过早地说"我看不懂"，要坚持读完。有时也许是对自己要读的那本书还没有做好充分准备。我啃柏拉图的《理想国》一共啃了三遍，才看懂。如果认真看了但确实看不懂，就把它放到一边，搁一天或一年，先去读另一本书。

（5）大段大段地读

别小口小口地啃，读的句子越长，就越能进入书的节奏和感情，从中得到的乐趣也就越大。

（6）读作者读的书

例如，莎士比亚为了写《尤力斯·恺撒》《仲夏夜之梦》，曾仔细阅读了诺斯的《蒲鲁塔克传记集》的翻译本。任何一个作家都是他所处的那个时代的产物。了解当时的历史、作家及其他人所面临的问题和他们的态度会帮助人理解作家的观点。作家的观点不一致，没关系，起码它使人思考。

（7）阅读有关作者生平的书

读者对作家的个人经历知道得越详细，就越明白他为什么写他所写的作品，就会开始明白隐藏在作家作品中的自传性的花絮。一个作家不可能不暴露自己。我们关于莎士比亚的大部分猜测都是从他的剧作中找出的线索。

（8）重读一遍

所有名著都反复读。读完一本书后，如果很感兴趣，又不完全懂，那么立即重读一遍，会发现更多的东西。如果几年前读过一部名著并且喜欢它，就再读一遍。书里还有那么多的东西要告诉人们，使人简直不会相信这是同一本书。

不要只把脚尖浸在名著这潭深水中，要跳进去，像前面一代代聪明的人类一样。我们会觉得自己的灵魂深处被那些历史上最有天赋的作家的思想和洞察力鼓舞着。

触景生情读书法

你可能都有这样的体会：以前读过的书，许多细节你可能都已经忘了；但是一个小偷偷你的钱包，被你当场发现，他夺路而逃，虽然只有一次见面，但你一定忘不了他的模样。商店橱窗里摆着一个美丽的玩具，你无比喜爱，那么估计只是这一次路过看一看，你已经记住了它的颜色、标价。这些记忆，似乎是很自然的事，似乎是很轻松的事。为什么？

因为你融入了自己的感情。你生病了，你把痛苦融在了记忆中。对于那个小偷的相貌，你的憎恨、蔑视之情融了进去，而对你所爱的玩具，你的喜爱与关注使它在你的记忆中留下了深刻的印象，这就是感情的作用。用你的情绪来感染你所要记的资料，这在记忆学中称作情绪化。它可以使你强化对所要记忆问题的印象，爱它、恨它，同时你也就记住了它。

触景生情读书即是利用与记忆对象有关的景物促进记忆的

方法。识记者置身于与记忆对象有关的景物之中，能对记忆对象产生丰富的想象和联想，并产生强烈的情绪和情感反应，从而对记忆对象留下较深刻的印象。与记忆对象有关的景物还能成为记忆对象的中介和线索，使人们更好地回想出曾经记过的内容。

触景生情，可以使你记住生活中发生故事的每一个细节，同样，它也可以帮你记住许多要求你去学习记忆的东西。可能当时你记得不牢，印象不深，隔些天就会忘记，可一旦你将自己的情感也融入其中，它就会深深地印在你的脑海里，时间愈久，也就愈清晰。

在语文学习中用触景生情法可以记忆诗词文章。

那些课文，古诗词是作者思想感情的反映，正所谓"诗言志"。至于"言"何"志"，这是我们理解诗词的关键。如果我们把我们自己的感情和作者的感情相交融，就能更好地理解诗词的意境。那么，我们为什么不能给课文设计一个场景，闭上眼睛，让它像电影一样在眼前放映？也就是在脑海里设计一个个场景，一个个镜头，让抽象的文字变成你脑海中的图像，这其中都蕴藏着一环扣一环的情节，并让这图像运动起来，依着设计的情节向下发展。你就像导演一样，先在脑海里将这部"剧本"拍成了"影片"，记忆就会变得容易得多。举一个例子，假如我们要记忆这样一首古诗："葡萄美酒夜光杯，欲饮琵琶马上催，醉卧沙场君莫笑，古来征战几人回。"现在，这首诗就是你的剧本了。你可以闭上眼睛，设计一部小短片剧本了。屏幕上是刚刚进行过争战的军营，朦胧的夜色中，刚刚从战场上浴血而归的战士们还身着盔甲，在开庆功宴。芬芳的葡萄美酒酒香四溢，士兵们推杯换盏，好不热闹。身穿火红战袍的将军在那琵琶乐中刚要一饮而尽，忽然战士来催他上马征战。将军豪迈地拍拍战马，放下酒杯，高声说："要是醉倒在沙场上，众位可不要笑我。自古以来，冲杀征战，有几个能活着回来的？"说罢，拍马而去。好一个豪爽的将军！怎么样？现在试试背一下这首古诗，是否有思路顺畅、背得轻松之感？

再举一个意境诗的例子："枯藤老树昏鸦，小桥流水人家。古道西风瘦马，夕阳西下，断肠人在天涯。"与上面一首不同，这首诗以静物为主，缺少情节。你可以这样想象：屏幕上一片荒凉的村落，枯败的残藤牵牵连连地挂在老榕树的树干上，一只老乌鸦蹲在枯黄的树上一动不动，偶尔一点风，吹得黄叶一抖一抖，摇摇飘落。木板桥下，是浅浅的流水，桥头上有一个歪斜的茅屋。镜头向前推进，是一条黄土路在茅屋一侧，好像是过去送信的小路，荒荒凉凉的没有一个人。只在不远处有一匹瘦瘦的马正拉着一辆旧车在缓缓前行，夕阳落在天边。从路的那一头，风尘仆仆地走来一位老者，他在那里走着，走着，在整个画面上他只是一个小点。这是一组你设想的镜头，一个荒凉的场景再和诗句对照一下，你会发现你可以一边回顾那凄凉的景色，想象着作者对自己流浪在天涯，思念家乡的悲伤之情，一边吟出这首古诗。

使用触景生情法，可一定要注意细节的想象，细节想象得越清晰，记忆的效果越好，而且要综合运用你的感观。比如前一首诗中你可以想象那将军的红色战袍，这是细节，还可以想象美酒芬芳的气息，这就调动了你的嗅觉器官。第二首诗中的黄叶抖动，随风飘落，也是诗中没有的细节，却可以加深你对枯藤老树产生的感觉，你也可以想象瘦马拉着车，发出咯咯吱吱的响声，这可以调动你的听觉器官，而且越发能体会到那马是如何的瘦弱，在这荒凉的小路上是多么渺小。

再比如学习《敕勒歌》一诗时，如果用语言描绘草原如何的辽阔和壮美，那也是显得空泛无力。于是你可以先放一首歌曲《草原上升起不落的太阳》激发自己的思维。寂静的环境，悠扬动听的歌声，把你带入一望无际的茫茫大草原的壮丽景色中。然后朗读课文，同时观看影片，展现高耸的阴山，广阔无垠的碧绿草原，成群的牛羊，牧民纵马扬鞭在草原驰骋的画面，这些画面能把四句诗的意境充分显示出来。读完之后你很快能够领悟到这首诗歌自由奔放的感情和对北国草原壮丽景色的赞美之情。在具体形象提供的氛围下，加上你的感情，词曲中形象自然而然地进入你的心灵中，进而品味诗词中的意境，理解蕴含在形象之下的深层内涵的艺术境界。

以书喻敌读书法

以书喻敌读书法，顾名思义即把书喻为良师益友，也可把书喻为敌人。

宋代词人苏轼，曾借《孙子兵法》八面受敌的术语比喻读书，他认为读书如用兵。如果问题很多，就要各个击破，逐一把文章读懂读透。清代文人郑板桥也曾视书为敌。他把读书时发现的疑点、难点，或有争议的问题，作为"敌方"设置的"堡垒"，努力攻破。

以书喻敌读书法，要求我们在读书时能够发现问题，力求深入钻研，去解决问题；并且能够有所创新，锻炼自己的思维能力，促进发展。

读书的四个比喻

清代诗人法式善，写有《读书四首》，运用四个比喻，论述了读书的道理和方法，很能给人以启迪。

第一首诗：

读书如蓄货，一室靡不有。

瑰奇产岩阿，幽怪发渊薮。

当其求莫致，岂借跋涉走。

诗人认为读书要像蓄积宝物一样，应有尽有多多益善，甚至不惜长途跋涉以求得。当然，有了珍宝也不要炫耀于人，同时又不能闲置不用。

第二首诗：

读书如树木，不可求骤长。

植诸空山中，日来而月往。

露叶既畅茂，烟打渐苍莽。

读书要像植树一样，要循序渐进，不要急于求成。日月来往，不知不觉地就会长大，拔苗助长，欲速反而不达。最初可能感到"掩卷了无得，心中时怏怏"，但坚持不懈地读下去，"忽然古明月，照见天怀朗"。自然就会融会贯通，收获不小。

第三首诗：

读书如行跑，历险毋惶惑。

安保万里程，中间无欲仄。

自古志士心，往往伤壅塞。

读书如行远路，难免遇到困难和挫折，在这种时候，要勇敢地挺住，坚强地走下去，"半途勿消息""要从实地行，直造光明域"。一定能够达到很高的境界。

第四首诗：

读书如将兵，当先讲纪律。

将军扫群寇，势若风雨疾。

有了严明的纪律，军队打起仗来才能势如疾风暴雨扫灭敌寇。他借《易经》中的话说："师贞丈人吉。"贞，就是正，正义之师才能立于不败之地。所以他特别强调读书要"树义"，要有正确的指导思想。"树义不制胜，不如不开帙。"读书若无正确的思想做指导，若不能用来培养自己的道德情操，还不如不读。

阅读的四种情况

干什么事都得讲究方法，读书也不例外。只有掌握了正确的方法，才能使自己深刻理解书本的内涵，有助于迅速、及时地吮吸书本给自己提供的养料。

阅读可以分成四种情况：

1.信息式阅读法

这类阅读的目的只是为了了解情况。我们阅读报纸、广告、说明书等属于这种阅读方法。对于大多数这类资料，读者应该使用一目十行的速读法，眼睛像电子扫描一样地在文字间快速浏览，及时捕捉自己所需的内容，舍弃无关的部分。任何人想及时了解当前形势或者研究某一段历史，速读法是不可少的，然而，是否需要中断、精读或停顿下来稍加思考，视所读的材料而定。

2.文学作品阅读法

文学作品除了内容之外，还有修辞和韵律上的意义。因此阅读时应该非常缓慢，自己能听到其中每一个词的声音，如果嘴唇没动，只是因为偷懒。例如读"压力"这个词时，喉部肌肉应同时运动。阅读诗词更要注意听到声音，即使是一行诗中漏掉了一个音节，照样也能听得出来。阅读散文要注意它的韵律，聆听词句前后的声音，还需要从隐喻或词与词之间的组合中获取自己的感知。文学家的作品，唯有充分运用这种接受语言的能力，才能汲取他们的聪明才智、想象能力和写作技巧。这种依赖耳听——通过眼睛接受文字信号，将它们转译成声音，到达喉咙，然后加以理解的阅读方法，最终同我们的臆想能力相关。

3.经典著作阅读法

这种方法用来阅读哲学经济、军事和古典著作。阅读这些著作要像读文学作品一样慢，但读者的眼睛经常离开书本，对书中的一字一句都细加思索，捕捉作者的真正的用意。从而理解其中的深奥的哲理。值得注意的是，如果用经典著作阅读法阅读文学作品，往往容易忽略文学作品的特色，以使读者自己钻进所谓文学观念史的牛角尖中去。

4.麻醉性的阅读法

这种阅读只是为了消遣。如同服用麻醉品那样使读者忘却了自己的存在，飘飘然于无限的幻想之中。这类读者一般对自己的经历和感受不感兴趣，把自己完全置身于书本之外。如果使用麻醉性的阅读方法阅读名著，读者只能得到一些已经添加了自己的幻想的肤浅的情节，使不朽的名著下降到庸俗作品的水平。如果漫不经心地阅读《安娜·卡列尼娜》，犹如读一本拙劣的三角恋爱小说。麻醉性的阅读在将进入成年的时候达到顶峰。年轻人的麻醉阅读是造成大量的文学作品质量低劣的原因。

读书离不开一个"思"字

读书最重要的一个方法是，多思！清代学者王夫之说过："致知之途有二，曰学，曰思。"他特别强调的就是"思"。古往今来一切有成就的人，他们之所以能从书本中获取知识，恐怕都离不开一个"思"字。

爱因斯坦就曾说过："学习知识要善于思考、思考再思考，我就是靠这个学习方法成为科学家的。"

如何"思"呢？宋代理学家朱熹在介绍自己的读书方法时，有过这样一段话，很值得我们深思。他说："读书，始读，未知有疑；其次，则渐渐有疑，中则节节是疑，过了这一番，疑渐渐释，以至融会贯通，都无所疑、方始是学。"

当我们捧读一本新书时，作者为我们提供的新的知识、新的观点，往往会在我们头脑中打下一个个问号。这是很正常的。

厚积薄发读书法

众所周知，人的阅读水平非一朝一夕或短期内就能得到提高的，靠的是长期的积累和广泛的接触。

有一位山东的高考语文单科第一名的学霸，名叫李将，他总结自己的语文阅读学习是一个"博观约取，厚积薄发"的过程。

李将平时随身带有几个小笔记本，其中两个就用在语文方面。一个是专门的字、词集锦，将平时所见的容易误读的字和容易望文生义的词语（主要是成语）全部收录，然后利用晨读大声朗读以加强记忆；一个是文摘集锦，专门收集一些俗语或从报刊中摘录一些他认为比较好的文章、段落、句子等，如果摘录的东西太长，就把它裁剪下来粘贴到本子上，晚上睡觉时躺在床上拿出来翻翻，这样既可以记忆也可以催眠。

每天，李将躺在床上还要做一件事，在他的枕头边长期放了一本成语词典，睡觉前他都要看3~5条成语。他说，不要认为每次看得少，一旦长期坚持下来，一年就会记住1000多条成语。

这些琐碎的工作给他带来的表面收益是："直到后来我才发现这些积累对我有多重要。因为我在今年高考中，前三道考查语音、字、词、句的大题中，自己一分未失。"

文言文在高考中无疑是一块难啃的硬骨头。很多考生一提到文言文就害怕三分，因为古代社会的语言习惯与现在有很大区别。而李将对付文言文也有自己的方式。他讲究的也是积累，按他的话说就是平时要多翻翻文言文字典。他认为，很多学生觉得文言文难，就是难在一些实词和虚词上。其实，对于文言实词和虚词的用法，没必要求全，只要能掌握考试大纲规定的文言实词和虚词的用法以及一些特殊的例句即可。

李将说，其实考试大纲中要求掌握的文言实词和虚词也不多，2004年要求掌握的文言实词有100个左右，而文言虚词只有18个，如果再把这些分摊到每天去学习的话，量就很小了。并且李将这样做了。

这样的坚持让李将在平时考试中的出错率大大降低，在进入第三轮复习之后，文言文选择题部分他每次保持全对，就是在高考中文言文阅读的选择题部分也是一分都没溜走，并且整个文言文部分只丢掉了一分。

　　语文无处不在，生活的各个领域都离不开，所以李将在语文的学习中很强调大语文观，他很注重广泛摄取，形成一定的积累，然后试着灵活应用。他说，大语文观要我们平时学会注意周围，其实周围有很多我们书本上学不到的东西，而这些往往就在于你经意与不经意之间。比如校园内张贴的一些名人名言、电视或广告牌上的广告词等，这些都可以去留意并形成积累，以备用时之需。

　　李将平时的"留意"也没让他失望，就在高考前学校的一次模拟考试中，有一道题是要求考生给书店或商店或食堂拟一副对联。如果李将要全靠自己去想去编的话，一是时间不允许他多想，二是自己想的未必就能得高分。当时李将就想起了自己有一次在逛一家书店时看到过的一副对联，而题中不是就有书店吗？所以他就把那副"学富五车地，才高八斗院"的对联给搬了上去，最后得了个满分。在高考语文试题中，有道考题的上联是"祖国江山好"，要求考生写出下联，李将当时很快就对出了"人民生活甜"的下联，此题12分，他拿了11分。

　　其实，很多名人也是通过厚积薄发、注重平时积累最终成就自己的。

　　我国现代著名历史学家吴晗，擅长以渊博的历史知识和优美的文笔撰写文章，这笔力来自他独特的"摘记卡片"。几十年里，吴晗凡是遇到自己认为有价值的资料就摘记在卡片上，并按内容、性质分类保存。他做卡片的经验是：一张卡片只写一个内容，加上题目，标上类别，并写清楚资料来源，即作者、书名、页码等。

美国作家杰克·伦敦也喜欢记录东西。凡是到过他家中的人都觉得很奇怪：窗帘上、衣架上、柜橱上、床头上、镜子上、墙上……到处贴满了形形色色的小纸条，初到他的房间里的人还以为那是什么特殊的装饰品呢。

实际上，这些小纸条并不是空白的。上边写满了各种各样他搜集来的材料：有美妙的词汇，有生动的比喻，有五花八门的资料，等等。杰克·伦敦从来不愿让时间白白地从他眼皮底下溜过去。睡觉前，他默念着贴在床头的小纸条；第二天早晨一觉醒来，他一边穿衣，一边读着墙上的小纸条；刮脸时，看镜子上的小纸条；在踱步休息时，他一边回忆小纸条上的内容，一边到处寻找启发创作灵感的词汇和资料。不仅在家里是这样，外出时也一样。外出的时候，杰克·伦敦把小纸条装在衣袋里，只要一有空就随时随地掏出来看一看，想一想，记一记。由于他这样锲而不舍地搜集、积累材料，一点一点地把材料装进了自己的脑子里，再加以灵活运用，因此，他写出了一部部光辉的著作。

厚积薄发要做到：读书学习的时候，要在书上及时写下自己的心得体会和疑问，在你认为重要的地方做你自己特定的符号；读书之后要做笔记，记录或者摘录下对你来说最有用的东西；平时要随时记下自己的想法、信息等；最重要的是，你要努力使之成为一种习惯。

语文作为基础性工具学科，想要学好是不容易的，而阅读又是学好语文的重中之重。它体系博大，内容浩繁，融思想、知识与艺术为一体，需逐步培训良好的感知与接受能力。

但作为一般性学习，需要的是扎实的文字、语言功底，良好的阅读习惯和顺畅的口头与书面表达能力，而达此目的，是有规律可循的，是一个循序渐进、潜移默化的过程。

"SQ3R" 读书法

"SQ3R"读书法，又称五步读书法，最早出现于美国的一所大学，后来，美、英和欧洲各国都普遍采用。国外一些教育学家和心理学家认为，这种读书法符合人们读书中的一般思维规律，有助于理解书本内容和增强个人记忆力。

五步读书法过程包括五步，即S—Q—R—R—R。

第一步：Survey，概览材料，获得大的印象

也就是通过阅读要学习的材料的部分章节，比如章节要点、概要、学习目的列表、序言、结语等，对整个资料做个概览，来获得对整个材料的总体的把握。

概览阶段可以在多个不同的阅读层次上使用，比如可以用在整本书或整章或一章中的一节。阅读整本书有时候称之为总览（overview），阅读一章有时候称为预览（preview）或者称概览（survey）。我们这里统称为概览，如果是浏览一本百科全书或杂志中的一篇文章，道理也是一样的。

（1）开始浏览一章（或一节）时，应注意要读的那一章是怎样与全书的整个主题（plan）相配合的。例如，它是不是整本书中跟其他几章相提并论的主题中的一个？它是不是为以后几章提供一个背景知识？它是不是对前面几章介绍过的知识做进一步的阐述？

（2）翻看一下这一章有多少页码，对阅读这一章一共所需的时间做大致的估计，决定在这一章上花多少时间。

（3）注意一下这一章分成几个主要部分或者几个论题，

决定你眼下打算读多少内容，是把整章的主要观点都了解呢，还是完整地先读完第一节？

（4）研究一下章名，把章名转换成问题形式，考虑一下：

①这个题目谈的是什么意思。

②关于这方面的内容已经知道了什么。

（5）阅读本章第一页主要标题和次标题，这些标题会告诉学习者一些有关本章的关键词、重要观点以及它们是如何组织安排的，然后把主要的小标题转换成问题。

（6）阅读一下引言和小结（或者第一段和最后一段），如果章的末尾附有一些思考题，也读一读。

（7）把标有黑体字或斜体字的句子、短语或词汇也读一读。

（8）看看使用了哪些直观的呈现方法，例如，图表、图片、曲线等，读一读这些图表的标题。

（9）如果有必要，再对所需花费的时间或打算阅读的数量做进一步估计。

（10）停下来想一下在浏览阶段提出的各种问题。

第二步：Question，提出问题，引发思考

问题，在正式开始详细阅读资料片断之前，要有明确而简洁的问题，最好是写下来。这个步骤，能够帮助人们在阅读的时候集中于章节的关键部分，当然仅有问题还不够，最好还能同时刨根问底。

提问阶段有三类基本的问题。由这些基本问题再引出其他所有的具体问题。

第一类问题：我已经知道了什么？

例如：

①章名说的是什么意思？

②我已经掌握了有关这方面的什么信息？

③主标题和次标题说明了什么问题（或者这一章有哪些关键词）？

④主标题和章名的关系如何？

⑤主标题和次标题的关系如何？

⑥我以前在哪里听到过这种观点或这种词汇呢？

⑦这个观点（词汇）是不是同以前其他学科中的某一观点相像？

⑧哪一小节对我来说最难（或花费最多时间）？

⑨考虑到我已经知道的东西，我现在有多大可能合理达到目的？

第二类问题：作者想告诉我什么？

例如：

①他想回答的可能是什么问题？

②我能否预测他将提供的一些事实、观点或例子？

③他将告诉我哪些以前不知道的东西？

④作者将如何证明他的看法？

⑤他能通过举例来证实他的观点吗？

⑥作者的观点与我的老师讲课的观点一致吗？哪一个更合理些？

⑦对于今天我在课堂上没有掌握的概念，作者是否解释清楚了？

第三类问题：我想要得到什么？

例如：

①教师在讲课中已经做过哪些指导？

②我的目的是：a.获得理解下一次讲课的背景（经历）？b.在这本书归还图书馆之前做些笔记以供复习时用？c.准备下一次考试？d.记住某一部分所有内容？e.为一篇论文作业搜寻材料？

③这一章结束还有哪些问题？

④在读完这一章我该知道些什么或能做什么？

第三步，Read，带着审判眼光阅读材料

这也是最重要的一步。认真、积极而带着批判性的眼光阅读。第二步不是准备了些问题嘛，在阅读的过程中就可以自己试着找到答案，在这个过程中，往往会发现新的问题紧随而来，不用担心，这可是好现象。

学习者可以细想所阅读材料的含义，思考可能的例外和矛盾之处，检验书中的假定，等等。

阅读阶段是SQ3R或其他所有方法的中间阶段。如果没有浏览和提问阶段的准备就去阅读，常常会得不到透彻的理解或者心不在焉、注意力分散，导致不必要的重读。如果没有复述和复习阶段，那么阅读过的大部分内容到了第二天就会遗忘。阅读阶段同其他阶段结合起来是可以重复进行的。为了达到理解的水平，经常有必要这样做：

（1）进行必要的快速阅读训练（High Speed Drill）。

3~5分钟的快速阅读训练将提高阅读理解效率及鼓励运用右脑。在练习中学习者将无意识地吸收大量的内容以至在实际阅读中理解更迅速。

（2）再回过头来开始阅读一章或一节，利用直观信息，用学习者感到轻松而又稍快的速度来理解内容。

（3）在阅读中要设法回答那些在浏览和提问阶段提出的最重要的问题。

①想方设法寻找能帮助回答主要问题的关键段落。

②注意细节是如何同要点发生联系的，是通过推理、举例还是通过再细分成更小的部分。

③注意那些表示转折的关键词，如"另一方面""第二点是""另一个理由"，等等。

④尤其要注意斜体字、黑体字及短语。

（4）在第一次阅读时，不要停下来重读那些难懂的段落或仔细琢磨那些不认识的字，或者再回过头去找那些遗漏的细节。要直接读下去，相当快地读，直到结束为止。

（5）读完了第一遍后，就随即进入复述阶段。通过复述能告诉自己这一部分是不是需要全部重新阅读一遍。如果需要重新阅读，那就需要寻找另外的时间（第二次时间）。

注意：

（1）在时间限定的情况下，较快地把内容读两三遍，总是比慢吞吞地读一遍更有效。在重复阅读时，学习者会强化第一次阅读中注意（grasp）到的东西，并且可以将细节纳入已经得到的整体框架中，因而理解和记忆的效果都更好。

（2）跳过特别难懂的地方或死盯着它非弄懂不可，前者效果更好。这是因为：

①继续读下去能够降低紧张感，焦急忧虑只能使事情更糟。

②大脑有机会无意识地思考这些疑难之处。正像有时候我们在考试时也会有这种情况，有些问题想不出或回答不上来，事后发现完全是懂的。

③当学习者再回过头时，会有另外一些信息帮助自己理解这个难点。大脑有一种自动化的机制来填补空隙，这种上下文背景对阅读通常是有帮助的。

（3）当学习者碰到某些细节或段落里的主要概念，有助于解答自己所提出的问题，可以画重点、做眉批，或用荧光笔做记号以加强印象。

以下是画重点的原则：

①读完一个段落后再画重点。假如边读边画重点，会发现有些重点其实并不重要。

②不要画太多重点。在书上画太多重点，反而看不出重点所在。原则上每页所画的重点不能超过该页信息的20%。

③画重点有助于做读书笔记。

④用双线、曲线或黄色荧光笔把最主要的概念画出来，每段只画一个最主要的概念，并且只在其关键点画线即可。假如主要概念分散在数段，可用1、2、3等数字加以标示，以利于记忆。

⑤用单线画重要细节。通常每段不要画两个以上的重要细节，而且只在其关键点画线即可。

⑥对于最重要的概念可在书中空白处用"※"加以标示，以利于复习。

⑦重要的学术名词的定义可用圆圈注记。

⑧重要的细节如举例、因果、步骤、特征等可在书中边缘处用"例""因""果""步骤""特征"等字词加以注记，以利于查考。

第四步，Recite，复述材料，检验阅读的效果

叙述、详述。在这一步，可以给自己或者学习伙伴重述或者解释一下所阅读的材料，也可以回答自己早些时候提出的各类问题，最好是大声地说出。这个过程能够帮助学习者明确自己对所阅读材料的理解和掌握程度，心理学家的建议是和同伴交流材料，或是自己大声地复述出来。

这一阶段在其他学习方法中称为背诵（记录、总结或测验）。它们都同复述有关——从头至尾温习一遍刚刚读过或学到过的东西，通过口头复述、以某种方式记笔记或通过回答问题来做小结。

没有复述这一阶段，在一两天时间内，学习者会忘记读过的80%的内容。只有借助立即复述，才可能记住80%或更多。

（1）合拢书本（或放在一边）。在某些学科，尤其是理科，当你要证明自己理解和记住了什么，在学习中，可能会有一半的时间要合拢书本。

（2）努力回答最主要的问题，并在回答时试图运用自己的语言举例说明。在检验复述情况时，提出一种模型是一个好方法。随着理解和复述量的增多，模型可以逐渐复杂。

（3）尽量运用图表、曲线或框图等直观表现手法。如果这些直观形式本身十分重要，最好能凭记忆加以描绘。

（4）对学习者要记住的要点抓住更多的细节（人的潜意识将发现更多的细节）。

（5）顺手记下自己仍然要做出回答的问题或没有完全理解的名词术语。

（6）再次翻开书本，再次浏览这一节或这一章以检查自己的答案及直观表现形式的理解程度和精确性，进一步补充需要做出回答的那张问题表。

（7）如果有必要可再次进行提问、阅读和复述两个阶段，具体集中在：

①扫清难点。

②完善理解。

（8）复述整章的要点和主要的细节，具体可以采用两页纸：

①一页纸把整章内容分解成关键词模型，每一个关键词应该能够使我们回想起与之相联系的要点及观点。

②另一页纸收集一些不容易放在模型之中的具体材料，例如公式、定义、统计数据、图表和问题等。学习者可以用数字或符号将这些材料与模型联系起来。

（9）寻找机会复述或运用已经学到的东西。每一次复述不仅帮助学习者记忆新的信息，也强化了已经掌握的东西。

第五步，Review，适时温习材料，达到长期记忆

温习（应该也伴随有评论的意思）是记住自己所学习材料的必要条件。前面几个步骤的重新回顾和反思，能够让自己注意到资料的不同部分是如何整合在一起的，同时也有助于发展学习者对学习内容的全景式的认知。

有规律的复习会巩固记忆的东西。这就是说，它把最初短时记忆的信息转化为长久储存的信息。更进一步说，它保证了存储的信息在必要时很容易得到恢复。

如果学习者已经运用了SQ3R方法，每次复习都应该只花费几分钟，这是因为必须反复复习自己所学到的东西，而不是学习第一次没有掌握的东西或者把已经遗忘的东西再学一遍。

（1）第一次复习应该在学习后立即就进行。它通常应该只花2～5分钟，因为这时候大脑中的印象还十分新鲜，通过复习能够使信息在溜掉之前就被抓住。换句话说，即时复习能预防遗忘。

①在完成复述阶段之后休息5～10分钟，伸伸肩膀，站起来走走，揉揉眼睛等。在你休息时，大脑将对已经学到的东西产生更强的内部联系。

②当休息完之后开始复习时，应考虑使用以下哪一种复习方法更为适当。

③学习者可以运用已经准备好的关键词模型。首先，不要看这个模型，看看自己是否能同时复述出要点，然后检查一下。接下来再回过头来检查一下要点，看看是否能同时复述更

详细的要点，并再检查一下。如果某个关键词不能引出所需要的信息，那就表明自己需要寻找更适当的关键词来替代。

④如果学习者现在是对已经读过的整章内容进行重新复习，需要准备一个能对整章内容做出概括的关键词模型，当自己能够复述每一个要点和次要点时，大脑便会重新搜索与关键词模型相联系的细节。

⑤如果学习者已经从一本书或教师讲课中做过笔记，可以将笔记大致浏览一下，看看这些笔记的内容与关键词模型怎样吻合。可以运用画线、数字和符号等将笔记内容与关键词模型联系起来。

（2）第二次复习应该在第二天就进行，以便在信息渐渐遗忘之前再次强化记忆。这次复习也应该只花2～5分钟。第一次复习和第二次复习合起来，一共花4～10分钟，但能够节省将来考试前复习的几小时时间。

（3）第三次复习应该在一周之后进行。第四次应该在一个月之后。这样不仅增强了记忆，而且也能够提供自己有关这门课程进步的情况。

（4）显然，在考试前需要最后一次复习。以前几次复习越是有效，考试前复习所花的时间就越少，同时也能够增加更多的知识。

其实上面这些步骤，在学习的时候，可能通过不同的方式，老师都有提到过，我们可能不自觉地也用过。不过没有把它们系统地联系起来分成递进的几步。最关键的，没有相对应地做些这方面的训练，所以效果不甚理想，只能靠自己的自觉和学习积极性来获得。如果我们能够贯彻这一方法，持之以恒，就能够收到良好的效果。

最后，还必须说明，任何学习方法都不是万能的，更不是固定不变的教条。检验学习方法的唯一标准是看其对自己提高学习成绩是否有效。所以，在选择和运用学习方法时，除了注意吸收他人经验，学习那些被公认的优秀方法外，还必须强调在学习实践中，根据个人的具体情况对它们进行改造与创新。

Five Step读书法

这是另一种"五步读书法"，由著名数学家华罗庚提出的，他主张：读书的第一步是"由薄到厚"。就是说，读书要扎扎实实，每个概念定理，都要追根求源，彻底清楚，这样一来，本来一本较薄的书由于增加了不少内容，就变得"较厚"了，这是"由薄到厚"。这一步以后还有更为重要的一步，即在第一步的基础上能够分析归纳，抓住本质，把握整体，做到融会贯通。经过这样认真分析，就会感到真正应该记住的东西并不多，这就是"由厚到薄"这样一个过程，才能真正提高效率。

对于以求知为目的的读书者来说，学过的东西最好能尽快掌握。为此数学家华罗庚创造了"由厚到薄"读书法。怎样才能做到"由厚到薄"呢？这里结合前人的读书经验，介绍一套实现"由厚到薄"的读书程序，叫作由厚到薄五步读书法。

第一步：确定该读的内容

古人讲"读万卷书，走万里路""万卷虽多当俱眼"。唐代大诗人杜甫有诗云："读书破万卷，下笔如有神。"万卷书是多少呢？一部《论语》才1.37万字，一部《孟子》才3.54万字，都没有一张报纸的字多。这是古代的书，读上万卷，也不过相当于看几千张报纸，不超过1亿字，量虽不小，但可以办到。

人类发展到今天，情况就不同了。书籍可谓浩瀚无际，即使是某一学科的书籍，一生也难以读完。我们面对知海书林，最重要的是选择，宜背诵的则背诵，宜精读的则精读，宜粗读的则粗读，不宜读的则不读。

清末张之洞写了一本叫《书目问答》的书，是专为他的学生写的，目的之一是告诉他的学生，选择好书读，不好的书不读，也就是读书要有选择。所谓选择，首先要看一下所读之书的目录或者内容提要，然后根据需要确定哪些内容该读，哪些内容不该读。如果全书没有该读的内容，那么这本书也就不要读了。如果是教科书及其参考书，则以老师指导的为主；如果是课外读物，则以行家推荐的名著名篇为主。

读书可以消遣，可以增长才干，可以励志，对于中小学生而言，以励志为目的去选读课外书是最值得提倡的。有的学生，对读书产生兴趣以后，一见书犹如牛见了青草，不分好歹，大吃大嚼，这种做法很不可取。世上的书那么多，那么杂，不加选择，一辈子也读不出个名堂来！不仅如此，有些书对青少年还有毒害作用，如果不加选择地去读，很可能被其诱离正确轨道。若是根据实际需要来加以选择，便实现了广义的"由厚到薄"。果戈理的《死魂灵》中的彼得尔希加，不管什么书都拼命地读，乱读一气，结果辛辛苦苦读了一辈子书，一无所得。别林斯基指出："阅读一本不适合自己阅读的书，比不阅读还要坏。我们必须学会这样一种本领，选择最有价值、最适合自己需要的读物。"

第二步：明确阅读重点

对于所学习的一切重点内容及一切应该内储的知识，可用钢笔在底部打上波浪线，或者做出其他标记，还可以书写体会，加眉批。下一步复习时就看这些内容，其他内容可以不看了。对于重点内容中的重点句子以及重点句中的重点词汇都要做出标记，而把那些多余的语言和词汇过滤出去。这就是爱因斯坦所说的"在所阅读的书本中找出可以把自己引到深处的东西，把其他一切使头脑负担过重和会将自己诱离要点的东西统统抛弃。对于你所确认的重点内容，可以边读边记笔记，然后，回过头来去整理笔记，使之网络化或条理化，最后，该内储的则抓紧记忆，该外储的则及时归类予以外储"。

第三步：反复理解、领会、记忆应该内储的内容

刚开始学习时，有一两处不明白、记不住也不要紧，继续往下看，当前后内容贯通以后，自然就大彻大悟了。

对于数理化等理科知识，要在掌握了基本概念、基本理

论、基本方法的基础上多做练习题，以加深理解、记忆和提高应变能力。

第四步：归纳和概括

每一章乃至全书学完以后，对应该掌握的内容进行归纳、概括。整理出来的内容可写在几张纸上，或者抄录在文摘卡上，或者加注眉批，实现"厚本变薄本儿，薄本变张纸儿"的飞跃。同时在此基础上，针对所有应知应会的内容提出若干问题，由自己一一回答。日后复习时方便、省时。

对于应该外储的散见于书中的知识，抄录卡片，归口存档。

第五步：每隔一段时间复习一次

这是专指内储知识而言的。复习是为了掸掉覆在记忆之上的灰尘，应该适时进行，否则灰尘太多太厚，清除就费时了。

对于文科知识，复习时可以回答第四步所提出的问题为主；对于理科知识，可以解应用题为主。

6 如何精准阅读：
刻意训练的技巧

理想的书籍是智慧的钥匙。

——列夫·托尔斯泰

扫清阅读障碍

刻意训练是一种简单到极易被人忽略，却又无比强大的成功模式！每一个渴望进步、渴求成功的人，无论你阅读哪类书籍，都需要掌握精准阅读的方法，抓住刻意训练的规律，把书读到极致。你完全可以在精心策划的刻意练习指引下发生翻天覆地的变化。

在《学习之道》的推荐序中有这样一段话：

"学习方法领域的图书主要分为两类。一类走的是学院派路线，主要是梳理学习心理学中的各种理论，在这些书中，我们能看到不同流派的观点，能看到心理学家对学习本质的讨论，但是这些内容对于学习者来说，有些过于抽象了，较难在学习的具体实践中加以应用；另一类走的是实践派路线，作者往往靠个人的天赋和努力，摸索出了一些基于经验的学习方法，这些书有一定的参考价值，但缺点也比较明显：一方面，其中部分观点可能不符合学习心理学中的科学结论，另一方面，某些方法只适合特定的场景，无法迁移应用在更广阔的学习领域中。"

事实上，很多读者在寻求方法的同时，也时常感到迷惑。不知道哪种方法适合自己，甚至不知从何入手。那么这时，你不妨掌握一些"刻意训练"法，相信你会极大获益。

有个别人会患有不同程度的阅读障碍症。什么是阅读障碍症呢？简单说，它是一种阅读和拼写障碍症。原因是，大脑综合处理视觉和听觉信息不协调而引起的。但有个别人是因智力低下引起的阅读障碍，这种情况应排除在外。

事实上，有很多阅读障碍的患者智商极高，这里不乏世界著名的天才。比如，达·芬奇、爱因斯坦、爱迪生、肯尼迪，这些人都可堪称天才。但是，因为学习成绩差，他们在儿童时期都曾被认为是"笨孩子"。科学家们针对这种现象，也在努力寻找答案。最后，他们发现这些天才都是阅读障碍症的典型例子。阅读障碍主要表现在识字阅读方面，原因复杂而多面。尽管如此，阅读障碍症也可以通过科学的矫正而治愈。

现实中的绝大多数人都是很幸运的，绝大多数人都能自如地读写，但是仍有约20%的人存在阅读、书写困难等方面的问题。据统计，阅读障碍是学习障碍的最主要类型，比例是所有被诊断为学习障碍儿童的70%以上。据研究，在说英语的国家中有阅读困难的儿童高达10%~30%。在学汉语的儿童中患有阅读障碍的人约占3%~5%左右。

阅读障碍症的具体表现:

1. 多数时候是去猜很多字、词、文章的意思。

2. 有时将字看反或颠倒,跳行或漏字。

3. 依靠手指头指着每一个字来阅读,速度慢。

4. 书写时习惯性地将字简化或字迹潦草。

5. 朗读文章时增字或减字。

6. 朗读文章时不逐字逐句阅读,而是按照主观想法阅读。

7. 听写成绩很差。

8. 口头表达可以,书面表达非常困难,抄写速度慢。

造成阅读障碍的原因主要有如下几方面:

1. 生物学因素

阅读是十分复杂的过程,几乎涉及所有的心理功能。几乎所有的文字都是音、形、义的联合体,缺少其中的任何一个环节,阅读就会出现困难。假如有视觉功能障碍,那么眼球振动就会不平衡,就会造成读书时跳字、串行等现象。如果听觉功能有障碍,就会造成读而不闻,读而不懂的现象。还有,比如患有失语症、大脑麻痹、智力迟钝和运动失调等大脑神经功能障碍的人，在阅读时也会出现一定的困难。

2. 神经机制因素

现代神经认知科学家凭借多种手段对一些阅读障碍者的神经机制进行反复研究和了解，得出一个结论：阅读障碍者之所以出现阅读障碍，是因其相应脑区的激活和神经活动模式存在异常。研究者发现，大多数母语阅读障碍患者的左脑半球都存在某些缺陷，比如大脑皮层异位现象等，导致了大脑不能自如处理视觉和听觉信息。

3. 情绪因素

很长时期以来，存在阅读障碍的人很难得到别人的理解，尤其是孩子。家长、老师或周围的人常认为他们是学习不专心或懒惰，甚至经常遭受批评。时间久了，孩子们就会滋生自卑心理，自暴自弃，认为自己太笨或不行，产生胆小、自卑等情绪，不敢朗读，不敢练习，最终因失去信心而一无所成。

4. 教育因素

对于患有阅读障碍的孩子，很多人都认为是智力低下，教育时如果不讲究方式、方法，硬逼迫孩子练习阅读，只能适得其反，让孩子对阅读的抵触情绪增加，产生厌烦心理。

那么，如何扫清阅读障碍呢？

1. 从小培养良好的阅读能力

因为儿童时期是阅读能力培养的关键时期。因此，早期阅读教育是学前期教育不容忽视的重要组成部分。对于较为严重的阅读障碍，则需专业教师和心理医生采用特殊的方法进行矫治。对于有情绪障碍的儿童，则需事先矫治其心理问题。

2. 有针对性地加以训练

比如，对词汇贫乏的儿童，应该选用难易适合的教材，注重理解文章大意的练习。鼓励儿童快速地阅读，利用一些基础读物来扩展儿童的词汇，让儿童感到做起来非常容易。

3. 矫正不良阅读习惯

阅读习惯因人而异，有的人阅读时喜欢从头至尾，一字不落，但读完之后又不知所云；有的人则能迅速地略读，并很快掌握文章的要领，抓住文章的主题；而有的人则边读边记读书笔记。不同的阅读习惯会直接导致阅读效率不同。

首先，应培养阅读障碍者在阅读时养成动手做标记或批注的习惯，比如用不同颜色的笔在重要的词语下面画上横线；在读不懂的地方做标记或批注。这样能很好地起到集中注意力的作用，促进其边读边思考。

其次，应培养阅读障碍者迅速略读的习惯。通过训练，锻炼阅读障碍者的自我调节能力，使其既能精读又能略读。

管理阅读时间

优秀的阅读者都是善于管理时间的高手。给人的感觉永远都是精力充沛，似乎他的时间总比别人充裕。

鲁迅先生说过，时间就像海绵里的水，只要愿意挤，总还是有的。东汉时有一个学者叫董遇，他说："学习只怕不立志，立了志就不怕没时间，我就是利用'三余'来学习的。"什么叫"三余"呢？就是"冬者岁之余，夜者日之余，阴雨者晴之余"，他就是利用冬闲、晚上、阴雨天的时间来读书的。

那么优秀的人是怎样得到更多的阅读时间的呢？

1. 从小就立下学习志向

确立了学习志向的人，都懂得珍惜一切时间，抓住一切可以利用的时间，为实现自己的志向而努力，就像皮埃尔·居里说的："使自己像一个嗡嗡响着的陀螺一样急速地旋转，使外物不能侵入。"那些立志攀登科学高峰，立志为国争光的学生，必然会为了实现自己的志向而自觉地抓紧时间学习，因此很难在逛街、轧马路，或胡乱聊天的行列中找到他们。

2. 主动排除各种干扰

这个世界上，没有活在真空中的人。在生活中，总会受到各种事物的吸引，学习时间少就是因为自己从事的非学习活动太多了，你不能因为电视节目有趣，就放弃了阅读，不能因为朋友的极力相约，就将手中的书本放下……遇到这些情况，优秀的阅读者都会用顽强的意志控制自己，除了参加必要的活动之外，极力保证自己的阅读时间。

3. 善于同时做几件事

科学地安排做事顺序也可以节省出时间来。

爱因斯坦即使是在做家务劳动时也从不虚度时间。"有一次，他推着一部婴儿车在伯尔尼的马路上散步。他迈着庄重的步子，每走十几步就站住，从上衣口袋里拿出纸片和铅笔，写下几行数字和公式，低头看一看甜睡的儿子，抬头看一下钟楼上的大钟，又向前走去……"他就是赴约等学生时，也不会忘了拿着铅笔和纸条把他思考的成果写下来。

4. 不断地检查时间的利用率

一天过去后，想一想，过去的一天在阅读上完成了什么任务？花了多少时间？时间利用率如何？效果怎么样？怎么改进？只有小学文化程度的武汉青年胡平，通过自学，考取了研究生。他抓时间讲效率的一种方法就是用"自查评分"来促进和调整自学过程，使自学的时间利用率不断地得到提高。

5. 不在生活琐事上浪费时间

简朴生活，交友谨慎。阅读的主要任务是学习，不要在追求吃穿玩乐上浪费宝贵的时间。一个人的精力是有限的，对生活中的某些方面关注太多，势必会影响在学习上的精力分配。选择有抱负、有志气、好学上进的朋友，读好书、交高人，乃人生一大幸事也。

6. 计划重点在时间安排上

有的时候，表面上看时间不少，但真正归自己支配的时间并不多，为什么呢？因为每个人都有自己的生活，都要面对很多琐事。给自己的自由时间订个阅读计划，努力提高常规阅读的效率，增加自由学习的时间，使主动权掌握在自己的手里。一旦你抓住了自由阅读时间，将会给自己的人生带来极大的好处。

达尔文说："我从来不认为半小时是微不足道的一段时间。"如果你想急于改变现状，那就应当以分秒必争的精神去抓自由阅读时间，使自己掌握的学习主动权越来越大，一个良好的阅读局面就会逐渐到来。

制订阅读计划

好的计划是成功的一半。要想在阅读方面有所突破，制订阅读计划势在必行。而在制订计划之前也要全面考虑，以免事倍功半。

想想看，你在制订阅读计划时，是否只考虑三件事：吃饭、睡觉和学习，对集体活动不管不顾，对锻炼身体不予考虑，至于娱乐和休息，计划内更是没有它们的位置。这种"单打一"的阅读计划，会使你的阅读显得单调而乏味，从而容易引起疲劳，既影响阅读效果，也影响全面发展。

事实上，计划里除了有阅读的时间外，还应当有进行社会工作、为集体服务的时间，有保证睡眠的时间，有娱乐活动的时间。计划里不能只有三件事：吃饭、睡觉和学习。如果计划真是这样，那么这个计划就是片面的、不科学的。

思想、学习、身体是相互影响的。在计划时，一定要兼顾三个方面。除了学习以外，还要安排好社会工作时间，锻炼身体时间，充足的睡眠时间，文化娱乐时间，等等，这样既能保证自己的全面发展，又能保持旺盛的精力，还能使学习生活丰富多彩，生动有趣。

1. 制订阅读计划要从实际出发

制订阅读计划要从个人实际情况出发，目标要合理——也就是目标既不能过高，也不能过低，要量力而为。目标过高，经过努力仍难以达到，就会挫伤积极性；目标过低，极易达到，就起不到促进学习的作用。目标不是一伸手就可摘到的果子，而是跳一跳或想办法可以找到梯子攀上去才可获取的果实。

在制订阅读计划时，不要脱离实际情况，如果忽略了实际情况，实行起来就会感到困难重重，十分紧张，最终计划不了了之。那么，有哪些实际情况呢？

一是自己将要掌握的知识和能力如何。例如，在这个月的学习计划中要接受和"消化"多少知识？要着重培养哪些能力？

二是时间的多少。在每个阅读阶段，能有多少确切可用的阅读时间？常规阅读时间可以安排多少？自由阅读时间可以安排多少？

三是阅读上的欠缺和漏洞。自己在学习上欠的"债"是哪些？在某一阶段的学习计划中可以偿还多少"债"？

计划的具体内容和实施步骤是在阅读之前拟定的，仅仅是设想，还不是现实。要想把计划变成现实，还要经过一段时间的努力，在这个过程中，自己的思想可能会发生某些变化，阅读的各种条件也可能会发生变化，阅读计划订得再实际，也难免出现估计不到的情况。

例如，某个阶段有的阅读难度大，这样，计划中的常规阅读时间就会增加，自由阅读时间则会减少，因而计划中的学习任务就可能完不成。再如，有时其他活动比计划的多了，占用了较多的阅读时间，也会影响计划的实施。所以为了保证计划的实现，阅读计划不要订得太满、太死、太紧，要给自己留有一定的机动时间，目标也要不给自己订得过高。

回过头来，看看你的计划是不是订得太死、太紧，没有留有余地。一旦有什么变故，受到冲击，你的计划就轻易搁浅，难以实现，慢慢地，你还会对制订阅读计划的必要性产生怀疑，甚至干脆取消了订计划的做法。所以，你要尽量把握一个留余地的度，但是计划中留的余地也不能太多，太多了会使自己执行计划时松松垮垮，缺乏争取完成计划的奋斗精神。

2. 在计划内容上要有所侧重

阅读时间是有限的，学习是无限的，在制订计划时要突出重点，不平均使用力量。计划里要保证重点，兼顾一般，所谓重点，一是指自己学习中的弱科，二是指知识体系中的重点内容。订计划时，一定要集中时间，集中精力来攻下重点。

此外，需要注意的是，在执行计划时，千万不要给自己任何可以找借口的机会。多数人都存在不同程度的拖延症，你我皆不例外。做事喜欢拖拉的人是很难将阅读计划执行到底的，为此，你需要极强的自制力，必须自律。

计算计划的效益率

一条小河经历了重重阻挠，绕过高山与岩石，穿过森林和田野，一路奔腾，畅行无阻。最后，它来到了沙漠，小河想："前面那么多困难都克服了，这次也应该能成功吧！"可是，它的努力一次又一次地白费了，水都渗到泥沙中，迂回不前。小河叹息说："我最拿手的本事也不管用了，看来我注定平庸，永远也到不了大海。"

微风过来安慰它说："我可以穿越沙漠，你也可以的，不过你要尝试着改变一下你自己……"

"改变自己，升华自己！"小河默默地念着，"可是我从来没有这样做过啊，我能做得到吗？如果不行，那岂不是自我毁灭吗？"

"你这样想只是因为你从来就没有认识到自己还有巨大的潜能，没有认清你自己的本质，你可以的！"微风鼓励说。

小河鼓起勇气，对自己说："改变自己，升华自己！"于是，它投入了微风的怀抱，蒸发了，化作轻盈的水汽。第二天，它又化作了雨滴，终于融入了浩渺的大海。

每个人就是一条奔腾不息的河流，一路上你需要跨越生命中的重重障碍，才能有所突破，有所进步。在这个过程中，有一点很重要，就是像河流那样善于放弃你所认为的自我，并且根据自己的目标做相应的改变。

一个计划在执行当中，免不了进行不断的修正，使得目标顺利实现。在执行计划过程中，要不时地计算一下计划的收益率，根据收益率去调整计划，以达到收益率的最大化。

在计划执行到一定阶段以后，要检查一下阅读学习效果如何，以便及时调整计划，使之更加切实可行。

主要检查哪些内容呢？

1. 自己是不是基本按计划做了？

2. 计划中的阅读任务是否完成了？

3. 阅读效果如何？

4. 没有完成计划的原因是什么？什么地方安排太紧？什么地方安排太松？

5. 通过检查后，马上着手修订阅读计划，或降低标准，或减慢速度，改变不科学、不合理的地方，使计划切实可行，为学习服务。

还有一点需要注意的是，在执行阅读计划时一定要懂得劳逸结合。人们常说不会休息的人就不会工作，同理，不会休息的人就不会阅读。

很多成绩优异的人绝不是一个一天到晚捧着书本死读书的人，他们深谙文武之道，有张有弛地安排自己的学习和生活。这是合乎科学规律的。因为"心之官则思"，思维要靠大脑，学习是艰苦的脑力劳动过程。要想使大脑神经细胞正常工作，必须保证脑细胞的新陈代谢，脑细胞消耗着人体需氧量的四分之一，血糖量为120毫克时（指100毫升血内）记忆最佳；血糖量为60~70毫克时，思维迟钝；血糖量为45毫克时昏迷、惊厥。可见思维活动正常进行时，脑细胞消耗着大量的物质和能量，并产生大量的废物和二氧化碳。

研究大脑的科学家们经过无数次实验研究后认为，我们的大脑是人体内最精细微妙的组织，也是最容易疲劳的组织，一段时间的紧张工作后，它也会累，它也需要休息。在脑疲劳的状态下，人会出现头昏脑涨、注意力不集中、记忆力下降、反应迟钝等现象。如果大脑长期疲劳的话，就会出现失眠、恐惧、焦虑、健忘等生病症状，有时还会危及生命。

所以当大脑给我们发出提醒时，我们最好听从大脑的指挥，放下书本，出去玩会儿，如果还要硬着头皮撑下去的话，那你的阅读效率肯定降低，严重的话真有可能造成脑功能的紊乱，导致神经衰弱的发生。

研究发现，如果有哪怕10分钟的积极休息，便可使脑力活动的效率提高30%。有的朋友不理解休息的重要性，废寝忘食地读书学习，表面看来抓得很紧，殊不知这点收获，远远抵消不了由此造成的损失。

大脑皮层有兴奋和抑制两种状态，当某一神经中枢兴奋时，其他神经中枢就处于抑制休息状态，当某一神经中枢长时间兴奋即工作时，将出现保护抑制你再用脑，效率就会下降。根据这一原理，就要交替不同的学习和活动内容，使大脑皮层不同的神经中枢轮流工作和休息，保证脑功能的有效发挥。

你在阅读一段时间后，可以做做体育运动，也可以换一些实际操作方面的训练与学习。那么多长时间进行一次交替为好呢？一般以一小时为佳，当然这也因人而异，可以根据个人的具体情况而定。另外还可以在阅读间隙听听音乐，不仅使大脑得到休息，又可以陶冶人的性情，培养自己欣赏音乐的能力。也有的专家认为边听音乐边用脑思考问题，这样也能提高工作效率。据说爱因斯坦就是在聆听贝多芬的名作《命运交响曲》时，发明了著名的相对论公式。

所以你在安排阅读计划时，不要让自己长时间地从事单一活动。读书和活动要交替安排，比如，读了一下午书，就去锻炼一会儿，回来再继续阅读。锻炼时运动中枢兴奋，而其他区域的脑细胞就得到了休息。安排科目时，文科、理科也要交替安排，相近的学习内容不要集中在一起。

阅读的胜利意味着获得新知识，但消耗的却是大量的时间和精力。如果一味地发挥"拼命"精神，头悬梁，锥刺骨，最终只能是筋疲力尽，学无所成。

提升阅读速度的关键

阅读速度慢是限制我们的知识面的一个弱点，为什么读得慢呢？在美国心理学家古德·伊洛弗看来，造成阅读速度慢的主要因素有以下几点：

1. 阅读停顿的次数过多，停顿时间长。据心理测验，阅读快的人每5~8行才停一次，每次停的时间为0.3~0.5秒。

2. 倒看。有些读者因为阅读留下的印象浅，不得不倒回来看。有经验的读者，目光是很清楚地集中在那些关键词句上的。

3. 念词阅读。在阅读时眼睛往前看而口也在无声地念（小舌在动），限制了阅读速度。

4. 缺乏强制性的速度锻炼。会读书的人常是抓紧一切业余时间，以尽快把书看完，他的阅读速度就是在这一过程中提高的。

5. 不善于运用跳读。在阅读时有一种不能忽略一切的情感——在心理学上叫作"求全态度"。这自然影响速度。

6. 注意力不集中。注意力不集中是学习的大敌，也是影响阅读最主要的"敌人"。

7. 情绪的两极分化。过于忧伤或过于高兴都不利于阅读，应该在稳定的、舒畅的、随便的精神状态下阅读。

8. 时间的选择不当。刚睡醒不宜立即阅读。因为这时大脑神经系统尚处于抑制状态，还未兴奋起来，建立关系。诸如这样违背生理规律，在与"生物钟"违时的状况下读书，速度也不会快。

扩大阅读量，提高阅读效率，是时代对当今青少年提出的一个新的要求。那么，怎样才能提高阅读效率呢？要想读书效果好，必须具备良好的客观环境和心理环境。其中，心理因素占主导地位。要保持最佳的读书心理，起码要具备以下几点：

1. 纯洁的心境。就是说，在读书之前要把一切芜杂的、混乱的、烦琐的念头全部拭去，使心境如一池清水、一块水晶。在这张"白纸"上画出的"图画"才会清晰。

2. 渴求的心欲。读书要有如饥似渴的求知欲，要有浓厚的兴趣和爱不释手的感情。

3. 安静的心绪。读书时的心绪要安稳宁静，要克服慌乱、烦躁和紧张，心跳应平稳，呼吸应均匀。

4. 明确的心态。在读书中要有一个念念不忘的目的，这样才会有新的发现。

5. 专一的心力。在阅读时要把全部精神倾注在阅读对象上，加强感觉器官和思维器官的活动，造成大脑的兴奋。

6. 乐观的心情。对环境、处境，应该有一种惬意的顺向心理，不应该有反感的逆向心理。

当然，阅读速度的提升是一个循序渐进的过程，需要你首先具备强烈的提升愿望，坚持不懈。只要按照如下10条原则坚持练习，相信你的阅读速度会很快得到提升。

快速阅读法要在实践中反复练习才能掌握，练习中要注意的10条原则有：

1. 不要重复阅读。无论多么深奥复杂的书籍，永远只读一遍，眼睛不做逆向运动，只有在一章或一节阅读完复习时，可以重复阅读。

2. 阅读时，在思想上将所接收的信息分类，并记住各类的基本内容。

3. 阅读时不要出声。朗诵是快速阅读的最大障碍。阅读过程中，按一定的节拍练习，这可以起抑制发声的作用。

4. 阅读时视线垂直移动，注意扩大末梢视觉。随着眼球运动能力的提高，逐步过渡到理解性阅读。

5. 阅读时注意力要高度集中，要系统地完成书中规定的各项练习。

6. 边阅读，边理解。阅读文字时，要分析出关键词和主要概念(这是理解的重点)。请记住，阅读的目的是为了找出和处理书中的概念和意图。

7. 阅读时要采用记忆的主要方法。阅读的目的决定了记忆的特点，只记忆理解了的内容，记作者的见解和思想，而不要记个别词句。

8. 要变换阅读速度。这一点与学会快速阅读同样重要。

9. 经常练习，以便巩固已形成的习惯。

10. 每天应该读完2份报纸、1份专业性杂志和50~100页课文。

7 你也要当阅读控：
像名人那样读书

发奋识遍天下字，立志读尽人间书。

——苏轼

巴金的"静坐回忆"读书法

巴金，原名李尧棠，另有笔名佩竿、极乐、黑浪、春风等，字芾甘，中国作家、翻译家、社会活动家、无党派爱国民主人士。四川成都人，祖籍浙江嘉兴。1904年11月巴金生在四川成都一个封建官僚家庭里，深受新潮思想的影响。1923年，巴金离家赴上海、南京等地求学，从此开始了他长达半个世纪的文学创作生涯。

巴金撰写的《随想录》，内容朴实、感情真挚，被誉为"20世纪中国文学的良心"。巴金的读书方法十分奇特，因为他是在没有书本的情况下进行的。读书而无书的确算得天下一奇了，这到底是怎么回事呢？

巴金说："我第二次住院治疗，每天午睡不到一小时，就下床坐在小沙发上，等候护士同志两点来量体温。我坐着，一动也不动，但并没有打瞌睡。我的脑子不肯休息。它在回忆我过去读过的一些书，一些作品，好像它想在我的记忆力完全衰退之前，保留下一点美好的东西。"

原来著名作家巴金的读书法就是静坐在那里回忆曾经读过的书。巴金认为，静坐回忆读书法有许多好处：

一是，可以不受条件限制，可以充分地利用时间。巴金列举了两个例子：一个是苏联卫国战争期间，列宁格勒（俄罗斯城市圣彼得堡的前称）。长期被德军包围的时候，有一位少女在日记中写着"某某型，《安娜·卡列尼娜》"一类的句子。当时没有电，也没有蜡烛，整个城市实行灯火管制，她不能读书，而是在黑暗中静坐回忆书中的情节。托尔斯泰的小说帮助她度过了那些恐怖的黑夜。另一个例子是他自己在十年内乱中的亲身经历。他说："'文革'期间要是造反派允许我写日记，允许我照自己的意思写日记，我的日记中一定写满了书名。人们会奇怪：我的书房给贴了封条，加上锁，封闭了十年，我从哪里找到那些书来阅读？他们忘了人的脑子里有一个大仓库，里面储存着别人拿不走的东西。"这两个事例说明，在不具备正常读书条件的情况下都可以"读书"。

二是，可以温故而知新。通过回忆，将过去读过的书拿出来一点点地咀嚼，就像牛反刍一样，能进一步消化吸收。每回忆一次都会有新的理解，新的认识，新的收获。

三是，可以能够不断地从已读过的书中吸取精神力量。

巴金说："我现在跟疾病做斗争，也从各种各样的作品中得到鼓励……即使在病中我没有精神阅读新的作品，过去精神财富的积累也够我这有限余生消耗的。一直到死，人都需要光和热。"

巴金酷爱读书，也热衷于藏书。他究竟有多少藏书？恐怕难有确切的统计。据说，单凭他的西文藏书，其语种之多、版本之丰富，在我国现代作家中就堪称名列前茅。也有人说，巴金有关无政府主义文献的收藏，在远东地区的藏书者中无人能及。

然而，巴金将自己悉心珍惜的书籍，大部分都捐赠给各大图书馆。但在上海的巴金故居中仍有大量留存的藏书。其故居中的存书中有的精美绝伦，也有的较为冷僻，颇具有版本和文献价值，比如如下三本书，就在此列。之所以特别提及这三本书，是因其与巴金的早年信仰相关。因为，巴金的信仰不只是个人的安乐，而是为了整个人类的幸福：

"我的心里生长了爱的萌芽，我怀着人类爱的观念，我以为谁加惠或伤害一个人便是加惠或伤害全种族。我在众人的自由中求我的自由；在众人的幸福中求我的幸福。我相信义务、权利、事实三者的平等是一个正当的人类社会的唯一的道德的基础，只有在这基础上面，正当的人类社会才能够建立起

来……"(凡宰地：《我的生活故事》，《巴金译文全集》第8卷第268页，人民文学出版社1997年6月版)

巴金的这种自我与他人的休戚与共感是现今社会越来越需要的。巴金反复引用凡宰地的另一段话是："我希望每个家庭都有住房，每个口都有面包，每个心都受着教育，每个智慧都得着光明。"(同前269页)巴金的社会理想可见一斑。

可以看出，巴金的这种思想是既纯粹又崇高的梦想，与之相比，不知有多少人汗颜。像有的人沉溺于欲望和享受中，焦虑、彷徨，但在巴金的心中却始终有一股岁月冲不淡的深情。

1.《夜未央》

此书是波兰作家廖·抗夫的作品。作家并不是什么知名大家，但在20世纪初的一段时间，他的剧本《夜未央》却被大量翻印，甚至还有不少关于此书编剧而成的演出。巴金在其小说《春》中就曾经写过女主人公淑英看了《夜未央》的演出后激发了走出家庭的勇气。本书可谓是巴金的思想启蒙读物。巴金曾以带着情感的语言回忆自己年少时读此书的感受：

"大约在十年前吧，一个15岁的孩子，读到了一本小书。那时候他刚刚有了爱人类、爱世界的理想，有一个孩子的幻梦，以为万人享乐的新社会就会与明天的太阳一同升起来，一切的罪恶就会立刻消灭。他怀着这样的心情来读那一本小书，他的感动真是不能用言语形容出来的。那本书给他打开了一个新的眼界，使他看见了在另一个国度里一代青年为人民争自由、谋幸福而奋斗的大悲剧。在那本书里面，这个15岁的孩子第一次找到了他梦境中的英雄，他又找到了他的终身事业。他把那本书当作宝贝似的介绍给他的朋友们。他们甚至把它一字一字地抄录下来；因为那是剧本，他们还排演了几次。

"这个孩子便是我，那本书便是中译本《夜未央》。"

2.《丹东之死》

《丹东之死》是苏联作家阿·托尔斯泰所作。巴金在20世纪30年代由世界语译成中文。关于这部书的翻译，巴金后来曾说："《丹东之死》中译本在1931年刊行，是从世界语译本La Morto de Danton转译的。译笔不妥的地方一定不少。但原书已在1932年淞沪抗日战争中烧毁，我无法根据它来校改我的译文。" 1934年6月，巴金写过一篇名为《丹东的悲哀》的小说，其内容类似该剧本。同时期，巴金还写过《罗伯斯庇尔的秘密》《马拉的死》两篇小说，从这两本书基本可以体现出巴金本人对于法国大革命的看法。上述三篇小说后来收录于1934年10月生活书店出版的小说集《沉默》中。

在巴金收藏的这本《丹东之死》环衬页上有其亲笔签的一个"金"字，环衬的背面空白页和扉页背面的空白页上均有巴金用钢笔写得满满的三段话，现择其一：

"这所谓民众的自发运动，并不是从天上突然降下来的。它有它的远因和近因。经济的不平等，政治的压迫，特权的滥用，这些是促成革命的重要原因。民众的怨恨积在一起，一旦爆发起来，就产生了惊人的效[后]果。巴斯底监狱本身在当时并不重要(那时囚[候关]在里面的犯人[据说]不到十个)，但它却成了代表着多年的不义与压迫的东西，把民众的多年来的怨恨都集中在它的身上[上面]。它倒[下]了，然而情形并不曾好一点，民众的愤恨一发便不可收拾。没有势力能够阻止它。"

3.《过去》

据巴金本人所说："这是我1931年编的一本图册，自费印刷的，一共印了50本，大部分送给朋友，自己只留了一本，"文化大革命"中烧毁了。这本图册是我几年中收集的俄、法、意、日等国家的一些革命者的图片，如克鲁泡特金、妃格念尔、苏菲娅、马拉、丹东、凡宰特、大杉荣等。"

他还介绍说："我在图片旁边写有说明，介绍这些革命家的事情，都很简短。"由此，我们可以判断出巴金之所以说出这样的话，其实是一个让人叹息甚至绝望的描述。试想一下，本书总共才印50本，自存本又被烧毁了，这是一件多么令人扼腕叹息的事情。自那之后，再无人见到这本书。而画册中的革命者都曾经是早年巴金心目中的英雄。如果得此书，对于了解巴金的思想历程无疑有着非常重要的意义。

令人惊喜的是，在美国密歇根大学亚洲图书馆藏有本书的复印本。

李嘉诚惯用耳朵读书

提起李嘉诚，可谓无人不知、无人不晓。他是香港开埠后第三任首富，现任长江和记实业有限公司及长江实业地产有限公司主席。

李嘉诚的一生是传奇的一生，也是历经波折的一生。1939年6月，刚上初中的李嘉诚就跟随家人辗来转到香港，寄居在舅父家里。

通过不断努力和奋斗，李嘉诚获得了丰厚的利润，事业越做越大。他的学历并不高，但贯穿始终的是"读书"。无论工作多么繁忙，李嘉诚从未忘记过读书。是读书让他一步步走向人生的巅峰，拥有无数令世人艳羡的头衔和名望，如，1989年获英国女王颁发的CBE勋衔、1992年被聘为港事顾问、1993年度香港风云人物，等等。自1999年被福布斯评为全球华人首富以来，李嘉诚连续15年蝉联华人首富的宝座。

关于读书，李嘉诚有一套独特的方法。他习惯利用录音带，以"耳朵"读书。就算是在行走，甚至躺在床上，关掉所有的灯，仍然可以读书。换句话说，只要利用录音带，以"耳朵"读书就行了。

华人首富"李嘉诚"有香港超人的称号，他只进过三年正式的学堂，其事业发展所需要的知识基本上都来自于他勤奋的自学和业余时间的进修获取的。由于他的时间很宝贵，所以在开车的时候、在行走的时候、在吃早餐的时候，他常常让助手读报纸和书籍给他听。可谓是"耳朵"读书法的成功典范。

如今，不但有朗读诗词以及小说的录音带，甚至有演讲以及授课的录音带出售。在刚开始的时期，这种方式的录音带是专门提供盲人使用的。现在，一般人对利用眼睛读铅字，似乎已经感到不新鲜了。于是，利用耳朵听的读书方式，逐渐受到多数人的青睐。

用"耳朵读书"的好处，在于不必使用眼睛和手，不必选择时间及地点，就算在刷牙、走路时都能够读书。同时，因为不必使用眼睛看铅字，在黑漆一片的床上也能够读书。尤其是对白天眼睛感到疲劳，不想再使用眼睛的人来说，这种用"耳朵"的读书方式，可说是最理想不过的。只要你能够抛弃"读书必须使用眼睛"的老观念，读书的机会是很多的。令人感到最遗憾的事情，莫过于"录音书籍"的数目，只占书籍总发行的极少部分而已。尤其是专门性的书籍，几乎尚未发行过。

你不妨请周围的人，为你录下你所喜欢的书籍内容。如此一来，你随时随地都可以阅读到自己必要的信息。而且，当你在从事别的工作时，可以巧妙利用他人的时间。

你不仅可以录下新书的内容，就是旧书内容也照样可以录下来，如此一来，当你想查阅一度读过的书本内容时，也会感到非常的方便。

录音机的体积越来越小，携带起来非常方便，比起携带厚重的书籍更为方便。碰到想利用的零碎时间，与其翻开书本东找西寻，不如使用录音机比较方便，效率当然就更为良好。

向人讲述自己读到的故事和小说，在课余或郊外游玩时讲给朋友们听，一定大受他们的欢迎。而你自己对于所读的故事，或小说，经过了一番口述，了解一定更透彻，记忆一定更深刻了。

奉劝忙碌而无暇读书的各位，不妨多多利用这些招。

李敖读书的三大要诀

李敖，字敖之，我国著名的国学大师，中国近代史学者，时事批评家，台湾作家，历史学家，诗人。其人文笔犀利，具有浓厚的批判色彩。在他的笔下，嬉笑怒骂皆成文章，故自诩为"中国白话文第一人"。

"以玩世来醒世，用骂世而救世"，李敖被西方传媒追捧为"中国近代最杰出的批评家"。著有《北京法源寺》《阳痿美国》《李敖有话说》《红色11》等100多本著作，当然，他的所有作品中也有96本被禁，可谓史无前例。2005年9月，李敖在北大、清华、复旦等国内三所顶尖高校发表了名为"金刚怒目、菩萨低眉、尼姑思凡"的系列演讲。

李敖的渊博和他的精于读书、善于用书大有关系。而且，他也有自己独到的读书方法，主要有三个重点：

李敖说第一个重点是自己看书只跳看一遍。"所谓跳看，是每页的重点让它跳出来给你看，而不是逐字逐句地死读，也不是所谓连读。连读的方法我看像小和尚念经——有口无心，是骗人的。""跳看"只适用于查阅资料，不能用在文学欣赏。

李敖读书方法的第二个重点是眼到手到。"重点部分立即用色笔勾出，剪刀剪下或刀片割下。这样子随看随动手，再把'分尸'下来的分类处理。这样一来，这本书，就跑不掉了。它永远为你所用，并且拈之则来，不易忘记。"在书本上勾勾画画，写写眉批，做些简单笔记，必有助于记忆。其实慢读比泛泛而读更有效。

第三个重点是同步通读，同个主题串起来读。他说在跳读过程中，对重点有兴趣，会找来其他相关的书同步钻研。"这时候，不是每次只看一本书了，而是触类旁通，互相印证与补充。这样子折腾下来，书才真正为我所用。"这个层次的读书已经不是单纯读书，而是在做研究了。不过这个方法确实可以加强读书的深度与兴趣。

李敖推荐的书目：

纪昀：《四库全书简明目录》

阮元：《揅经室集》

英廉等：《禁毁书目》

张之洞：《张文襄公全集》

胡应麟：《少室山房全集》

姚际恒：《庸言录》

陈梦雷：《古今图书集成》

永瑢等：《四库全书》

刘勰：《文心雕龙》

刘知几：《史通》

章学诚：《章氏遗书》

俞樾：《春在堂全书》

章炳麟：《章氏丛书》

梁启超：《饮冰室合集》

李耳：《老子》

孔丘：《论语》

列御寇：《列子》

庄周：《庄子》

荀况：《荀子》

吕不韦：《吕氏春秋》

刘安：《淮南子》

扬雄：《太玄》

桓谭：《新论》

王充：《论衡》

王符：《潜夫论》

仲长统：《昌言》

柳宗元：《柳河东全集》

周敦颐：《周子通书》

张载：《张子全书》

程颢、程颐：《二程全书》

顾炎武：《亭林先生遗书汇辑》

李顒：《二曲全集》

金人瑞：《唱经堂才子书》

颜元、李塨：《颜李丛书》

戴震：《戴氏遗书》

焦循：《焦氏丛书》

严复：《侯官严氏丛刻》

康有为：《万木草堂丛书》

谭嗣同：《谭嗣同全集》

墨翟：《墨子》

公孙龙：《公孙龙子》

颜之推：《颜氏家训》

吕坤：《呻吟语》

孟轲：《孟子》

董仲舒：《春秋繁露》

韩愈：《韩昌黎集》

朱熹：《朱子大全》

僧祐：《弘明集》

……

田中角荣的"撕书"读书法

曾任过日本总理大臣的田中角荣，早年由于家境贫寒，上完高小以后就失去了系统学习的机会。在半工半读的学习中，他十分注意读书方法。为了锻炼自己的记忆力，他一页页地背诵《简明英和词典》、日文辞典《广辞林》，采用的办法就是一次撕下一页。

每个人的一天都是24小时，但是有的人却能让自己的每一天都比别人多出几小时，他们的秘诀就在于能充分利用零碎时间。

有一位著名的报人，即是一位相当懂得善用零碎时间的人。一方面是因为他本身从事的是分秒必争的新闻工作，要从百忙之中抽空读书相当不容易；另一方面也是因为新闻业是一个必须时时走在时代尖端的工作，所以他便发明了自己的一套"撕书读书法"。

每次他发现好书，就一次购买两本，一本放在家中，一本事先分割成好几个部分，放在车上。每当车阵大排长龙时，便是他的读书时间，靠着这个方法，他读了好多书。

谁说没有空读书？只要你懂得利用日常生活的零碎时间，你就能在别人无所事事的时候快速成长。记熟了就扔了，这锻炼出他非凡的记忆力。

不要以为读书人只能爱书，其实读书人也会撕书。从小到大，每个读书人都会多多少少撕过几本书。

儿童教育学家研究发现，撕书是孩子最初对书本产生兴趣的重要途径之一，读书也不是孩子上学以后才需要开始的一项工程。让孩子从小开始"玩"书，书就成了一个能带给他们很多快乐体验的有趣玩具。通过书这些特别的玩具，孩子开开心心地玩着、探究着书的奥秘，并在探索的过程中发现很多有趣的东西，于是，一个"小书虫"就被培养出来了。

2016年7月19日，日本《AERA》杂志报道称："如今在日本，关于前首相田中角荣的书籍十分畅销，而读者并不仅仅是怀旧的年长者，30多岁的生意人也很爱看。"

《田中角荣100句话》收集了田中角荣的语录，这本仅仅由田中角荣的名言与照片构成的书，销量超过67万本。那么，田中角荣有何特别之处呢？

田中角荣这个贫苦人家出生的孩子，在高小毕业后就来到土木建筑公司打工。54岁时当上了日本首相。田中角荣在就任首相后，立刻访问中国，实现了中日邦交正常化。而"田中角荣热"却在2016年爆发。

据日本东京八重洲图书中心的高杉信二称，关于田中角荣的书的出版量，在2016年大幅度增长。"购买群体大部分是50岁以上的人，但在年轻人当中也很受关注。年长的人对田中角荣的生平等比较感兴趣，而年轻人则希望从他的言行中得到对自己的启发。"高杉信二还预测称，"田中角荣热"可能还会持续。

据统计，在田中角荣的读者中，男女比例约为二比一。其中，大部分男性读者是在公司需要管理下属的中层或管理层男性。

田中角荣经历过贫苦的生活，在其孩提时代就因口吃经常被人欺负，在伪满洲国服过兵役。他当选为日本首相的过程也不是一帆风顺，在其首次参加选举时落败……经历诸多的人生挫折，田中角荣奋勇向前，终于进入政界。因此，他的语录比其他官僚和世袭的议员更具说服力。这也是他的书备受推崇的原因。

巴菲特是这样阅读财报的

沃伦·巴菲特，生于美国内布拉斯加州的奥马哈市，是全球著名的投资商。主要从事股票、电子现货、基金等行业。

2016年9月22日，在彭博全球50大最具影响力人物排行榜上，沃伦·巴菲特排在第9位。2016年在《福布斯》杂志发布的年度"美国400富豪榜"中，沃伦·巴菲特排在第3位。在《福布斯2016全球富豪榜》中，沃伦·巴菲特排在第2位……

在金融领域，恐怕很难找出第二个能像巴菲特阅读量如此之大的人。如今，八十多岁高龄的巴菲特仍然一天到晚书不离手。

巴菲特每天的大部分时间都用来阅读。他阅读的范围也比较宽泛，除了阅读报纸和行业期刊之外，每日阅读量的一半是非金融类资讯。因为，许多非金融类资讯可以透露更多事情，他也愿意比较不同媒体对不同新闻的处理手法，以便了解金融精英圈以外的民意风向。

巴菲特的两个助理更是嗜书如命。其中之一是Todd Combs，他就像一个书虫或学霸，每天基本要读书12小时，除了睡觉、健身和陪家人之外，他将大部分的时间全用在阅读上。然而，令人惊奇的是，为了减少外界对其阅读计划的干扰，Combs每周只接打三到四个电话。为了节省时间，他和助理的沟通基本靠写字。

除了每天阅读几十种业内刊物，为了配合每一季度挑选250家上市公司进行追踪的工作规划，Combs还会大量阅读财报和公司的SEC合规文件。他还雇用一名经验老道的分析师帮助他排查所投公司的详情，力争接触到投资对象的客户、供应商和前雇员，了解目标公司公开和不为人知的全貌。

那么，巴菲特是如何阅读财报的呢？

一般来讲，他总是从损益表开始看财报；从总收入看资金来源的渠道；对于巴菲特来说销售成本越少越好；毛利润和毛利率是巴菲特寻求长期赢利的关键指标；营业费用、销售费用及一般管理费用是巴菲特的关注点；对于研发费，巴菲特总要敬而远之；折旧费是巴菲特不能忽视的成本；从每股收益中辨别成功者和失败者；巴菲特认为房产、厂房和机器设备越少越好；巴菲特成功的秘密之一是长期投资；令巴菲特变得超级富有的秘密是留存收益，他喜欢在资产负债表上看到库存股票；通过现金流量表，巴菲特可以查看现金；致富秘诀之一就是减少资本开支……

"要投资成功，就要拼命阅读。不但读有兴趣购入的公司资料，也要阅读其他竞争者的资料。"这是巴菲特所说的经典语录之一。

巴菲特推荐书目：

《聪明的投资者》（格雷厄姆著）

《证券分析》（格雷厄姆著）

《怎样选择成长股》（费舍尔著）

《学以致富》（彼得·林奇著）

《杰克·韦尔奇自传》（杰克·韦尔奇著）

《赢》（杰克·韦尔奇著）

《穷光蛋查理年鉴》（富兰克林著）

《寻找智慧——从达尔文到芒格》（Peter Bevelin著）

《客户的游艇在哪里》（Fred Schwed著）

《巴菲特致股东的信：股份公司教程》

乔布斯独特的读书笔记

很多人喜欢在读书时做读书笔记，苹果创始人乔布斯就是其中之一。

史蒂夫·乔布斯是苹果联合的创始人，他的整个人生都贯穿着读书，他也经常去研究读书对人的意义。乔布斯曾说："苹果之所以能够开发出像iPad这样的产品，是因为我们一直努力做到技术与自由艺术的有机结合。"

在乔布斯的一生中，对他本人及事业具有极大影响的书籍有很多。他在上高中时就开始阅读莎士比亚的《李尔王》了。在乔布斯最爱的书籍中有一本，名为《白鲸》。这是一本经典著作，沃尔特·伊萨克森在《乔布斯传》中将乔布斯比作亚伯船长，认为乔布斯是一位极勤奋而任性的艺术形象。在《如何像乔布斯一样思考》这本书里，作者丹尼尔·史密斯称，托马斯的诗作以创新的形式和准确的流行格调深深地吸引了乔布斯。

其他书籍，比如《活在当下》，乔布斯在谈到这本书时曾经说过："它的意义深远。""这本书改变了我和我的很多朋友。"又如《一座小行星的饮食》《非黏液饮食治疗学》《一个瑜伽行者的自传》《禅宗思想，初学者年代》《创新者的困境》等书，对乔布斯都有深远的影响。

曾经，还在上高中的乔布斯对《全球概览》着了迷。"在停刊号的封底上，有一幅清晨乡间小路的照片，就是那种如果你有冒险精神，会在搭便车旅行时看到的景象。照片下面有一行字：'求知若饥，虚心若愚。'"乔布斯提及的《全球概览》杂志是美国反主流文化目录，在1968—1972年间出版，此后也偶尔出版过几次。该杂志曾于1972年获得美国国家图书奖，《全球概览》也是首次获得该奖的目录类杂志。

乔布斯读书有个习惯，就是做读书笔记。

一般来讲，读书笔记有七种形式：

第一，批注式。这是边读书，边勾画，边批示，边注解的一种学习方法。

勾画圈点，这是边读书，边做记号的一种读书笔记形式。它是阅读时使用最广、方法最简、效果最明显的好方法。阅读遇到重要词语段落、要点、疑点，当即标记。用勾、圈、点、直线、双线、浪线、点线、问号、叹号或三角号等做标记，分别记出自己所强调的内容。这是根据自己的习惯做出的特殊标记，勾画圈点等各标志有什么意义，有什么特定作用，自己要心中有数，使用统一，便于复习时掌握与使用。但标记不宜过多，以免弄得书页上混乱，影响以后读书的效果。

书上批注，这是在书页的天头、地脚或边旁处，随读时顺便写上批语、注脚、质疑、解释的话。这种批注的作用：有的是记下心得、感想，为复读时加深理解和记忆；有的是提出问题，以利研究、发展、创新；有的利于联想，与有关知识比较。好处是，简单、方便、不受约束。清代金圣叹评点《水浒传》，毛宗岗评点《三国演义》，都属于这一类读书笔记。

第二，摘录式。这是读书时摘抄原文或概要的一种笔记方法。它使用面广，各种书籍、报刊等都可摘录。原文摘抄，要保持书中观点论据的完整性；人名、地名、数据要严格核准；

条文要标上小题、出处、日期，以备查找。

第三，提要式。这是编写读书纲要的笔记方法。对所读之书进行科学分析，先分大段，后分小段，写出要点，使其层次分明，思路清晰，事理连贯，然后便可顺着思路了解作者意图。用提要式读书的好处是，便于掌握全书内容、逻辑结构、作者思路和写作方法。

第四，索引式。这是收集文章标题，抄录有关书目的一种笔记方法。把书名、篇名、作者、出处、版本和时间等编成索引，以便日后需用时有针对性地查找。

第五，心得式。这是读完一本书或一篇文章，经过回味，思考加工，产生感想、联想或收获，形成比较深刻的认识，当即把它记下来的一种笔记方式。这种笔记价值很高，也可写成札记，进行旁征博引，论证辩析；或者写成体会，进行引申阐发，抒发情感，议论是非。心得主要是多写自己的见解和看法，特别是有关思路、闪光点、设想、灵感之类的东西，有时苦思冥想很久也得不到正确答案，而读书无意之中见精神，受启迪，这就不能轻易放过，必须及时记之。

第六，百科全书式。读书前，先把笔记本分成若干栏目，做好标记。然后读书或看某些材料时遇到自己需要的知识内容或范围，认为可取，就分别将其记入已准备好的栏目里。这样记，分类清，内容广，易查找。

第七，活页笔记式。将活页笔记随身携带，读书阅览时，不管遇到什么所需材料，都可当即记在活页上。一项专题内容最好记在一页上，便于过一段时间进行分门别类装订。这样久而久之，就积成了不同系统内容的活页教材。

马克思的"轮流"读书法

全世界无产阶级和劳动人民的伟大导师马克思有一种独特的读书法：当他在写字台前钻研哲学或政治经济学久而疲劳时，便演算起数学题，或躺在沙发上读小说、诗歌，而且间或两三本小说同时打开，轮流阅读。他的这种轮读法能提高读书效率。

轮读法能使大脑减少疲劳，得到休息。读书过程是大脑皮层紧张工作的过程，长时间的紧张工作，会使大脑皮层产生抑制，降低读书效率。由于各种不同信息是由大脑皮层不同部位的细胞来接受的，读这本书使这一部位的大脑皮层劳累了，而换读另一本书时，这一部分大脑皮层就获得了休息。这样轮换使用大脑皮层的不同部位，就减少了大脑的劳累。

居里夫人对此也深有体会，1886年12月她在给亨利埃特的信中说："我同时读几种书，因为专研究一种东西会使我的大脑疲倦，它已经太辛苦了！若是在读书的时候觉得完全不能从书里吸收有用的东西，我就做代数和三角习题，这是稍微分心就做不出来的，这样它们就又把我引回正路上去。"

轮读法可以使读书的兴趣有增无减。英国著名作家、文艺批评家毛姆说："一个人不可能每天都具有不变的心情，即使在一天内，也不见得对一本书具有同样的热情。"因此，他读书是随自己的兴趣，不一定读完一本再读另一本。他一般是在清晨脑子清醒时读科学著作和哲学著作；一天工作结束，心情轻松但不想从事激烈的心智活动时读历史、散文、评论、传记之类的书；晚上读小说；身边随时带着诗集，工作之余见缝插针，读一两首诗。毛姆由于随兴所至而读不同的书，所以他的读书兴趣一天到晚皆十分浓厚。

用轮读法读书，在同样的时间内可以获得更多的知识。鲁迅广博的知识，许多就是靠着这种读书法获得的。他在书桌边放一把藤椅，工作累了，就躺着看书看报当作休息，他说，这叫

"随便翻翻"。他就是在"随便翻翻"中涉猎知识海洋的各个角落的。

读书的时间因人而异，对某些人来说，他一向都利用上下班的时间，工作的间隙，回家以后的时间读书。在车里阅读书报，在办公室、卧房，以及配合TPO（时间Time、地点Place、场合Occasion）阅读的书籍都不同。换句话说，你可以同时阅读好几本书。

一般的，很多人不喜欢在未读完一本书以前，再阅读另一本书。理由是并读是没有效果的读法，根本就无法同时理解两本书的内容。但是整天捧着一本书，一心一意地阅读它，也不见得是很好的阅读法。例如，在客满的车内，想翻看一本巨大的百科辞典，或者厚重的法律书籍，实在很困难。同时，你自己所需要的信息，不可能全部存在于一本书里面。因此，最好应用读书的TPO，来选择内容适当的书本，同时进行阅读最有效果。例如，在早晨上班的车厢里，可阅读从早报"撕下来"的消息，到了工作场所，可阅读涉及本身工作的各种资料书本与外国的社会法等，回家后则阅读一些轻松性的小品，或者涉及象棋、围棋之类的书本……因为，这些书都属消遣性质，阅读速度相当快。只要能够从书籍吸取信息，就不难拓宽信息收集的范围，对工作也有很大的帮助。

　　采用轮读法要注意统筹安排，突出重点，选择好轮读的书籍。每个人因各自的精力、时间、读书内容不同，很难有一个统一的模式，但切忌平均用力，切忌选择内容相近的书轮读。

后记

如何使用本书引领你阅读

亲爱的读者，首先祝贺你幸遇这本书。这就证明你已经迈出提高阅读技能的第一步。

也许除了曾经上学时在课堂上受过老师的阅读指导，你就再没有刻意做过提高阅读能力的培训；也许你认为阅读并不是什么难事，只要认字的人哪个不会读书呢？事实上，能认字不等于会读书，爱看书也未必会读书。就如每个人都在活着，但并不是每个人都懂得生活一样。

也许你是朝九晚五的都市白领，每天早出晚归少有闲暇；也许你是公务繁忙的管理人士，希望迅速高效地浏览报纸和审阅文件，能够在最短时间内掌握材料中的重要信息；也许你是一名教育工作者，正在寻找可以教授学生的阅读训练策略；也许你是一名在校学生，渴望掌握快速阅读之法，全面提高学习成绩；也许你只是一个爱书之人，希望自己提高阅读能力，更畅快地在书海遨游。无论出于何种原因，这本书你选对了。

笔者相信，通过阅读此书，你能熟练使用书上提到的阅读技巧，你会快速驾驭阅读的本领，你的综合阅读能力也会获得很大的提升。

那么，如何阅读和使用本书呢？你可以选择按顺序阅读，也可以选择自己感兴趣的章节跳跃式阅读。本书的宗旨主要有如下三点：

（1）帮你认识到阅读的意义。阅读此书你会发现，书中的很多方法你并不陌生，只是未经过切身实践。建议你立即实践，将你理解到的阅读技巧系统地梳理归纳出来。

（2）为你提供高效阅读的技巧。这世上，任何一种技巧都不是万能的。每个技巧都因人而异，也因个人理解能力、知识水准而效果各异。本书只是一部供你选择的书，你可以根据自身条件，选择最适合你的阅读方法和技巧。

（3）提高阅读的自信心。对很多人来说，阅读并非他们喜爱之事，而是非做不可之事。也有热爱读书的人对自己不自信，认为自己能力欠缺、阅历不足、知识储备不够丰富，阅读能力很差。实际上，只要你渴望阅读，认为阅读将给你的人生带来很大价值时，你才会去主动阅读。随之而来的是，你对自己越来越自信。

同时建议你在阅读时准备下列工具：铅笔、橡皮、不同颜色的荧光笔、纸、本、计算器；秒表或计时器、大小适中的空白卡片。

准备就绪，那么，余下的就交给时间，用你的实践去见证阅读的意义吧！